대원불교
학술총서

10

대원불교
학술총서

10

스토아철학과 서양불교

* * *

두 가지 철학적
삶의 방식에 대한 성찰

* * *

패트릭 어셔(Patrick Ussher) 지음

이재석 옮김

* * *

운주사

Stoicism & Western Buddhism:
A Reflection on Two Philosophical Ways of Life
by Patrick Ussher

First published in 2018
copyright © Patrick John Redmond Ussher
Korean translation copyright © 2023 by Unjusa
Korean translation rights arranged with the author

발간사

오늘날 인류 사회는 4차 산업혁명을 통해 완전히 새로운 세상을 맞이하고 있습니다. 전통적인 인간관과 세계관이 크게 흔들리면서, 종교계에도 새로운 변혁이 불가피하게 되었습니다. 이런 상황에서 대한불교진흥원은 다음과 같은 취지로 대원불교총서를 발간하려고 합니다.

첫째로, 현대 과학의 발전을 토대로 불교를 현대적으로 재해석할 필요가 있습니다. 불교는 어느 종교보다도 과학과 가장 잘 조화될 수 있는 종교입니다. 이런 평가에 걸맞게 불교를 현대적 용어로 새롭게 이해할 수 있도록 하려고 합니다.

둘째로, 현대 생활에 맞게 불교를 이해할 필요가 있습니다. 불교가 형성되던 시대 상황과 오늘날의 상황은 너무나 많이 변했습니다. 이런 변화된 상황에서 부처님의 가르침을 제대로 이해할 수 있도록 하려고 합니다.

셋째로, 불교의 발전과정을 종합적으로 이해할 필요가 있습니다. 북방불교, 남방불교, 티베트불교, 현대 서구불교 등은 같은 뿌리에서 다른 꽃들을 피웠습니다. 세계화 시대에 부응하여 이들 발전을 한데 묶어 불교에 대한 총체적 이해가 가능하도록 하려고 합니다.

대원불교총서는 대한불교진흥원의 장기 프로젝트의 하나로서 두 종류로 출간될 예정입니다. 하나는 대원불교학술총서이고 다른 하나는 대원불교문화총서입니다. 학술총서는 학술성과 대중성 양 측면을 모두 갖추려고 하며, 문화총서는 젊은 세대의 관심과 감각에 맞추려고 합니다.

본 총서 발간이 한국불교 중흥에 조금이나마 기여할 수 있기를 바랍니다.

불기 2567년(서기 2023년) 8월

(재)대한불교진흥원

서문

2012년 나는 엑시터 대학에서 고전학 석사학위 논문으로 삶의 방식으로서 고대그리스의 철학인 스토아철학과 오늘날 서양에서 수련하고 있는 불교를 비교하는 논문을 썼다. 그 논문은 2012년 10월 '오늘의 스토아철학' 프로젝트를 기획하기 전에 쓴 것이었다. 당시 나는 4년 동안 이 프로젝트의 회원으로 활동하며 '오늘의 스토아철학' 블로그를 만들고 편집하며 연례 국제 행사인 '스토아 주간(Stoic Week)'에 필요한 자료를 수집하고 있었다. '오늘의 스토아철학' 프로젝트는 현재 '현대 스토아철학' 프로젝트라는 이름으로 알려져 있으며, 상세한 정보는 다음 링크에서 확인할 수 있다.

☞ http://modernstoicism.com

나는 내 석사학위 논문을 다시 손보아 일반 대중을 상대로 하는 짤막한 책으로 내면 좋겠다고 생각했다. 물론 그 작업은 피치 못하게 유사 학문적 양식과 구조를 갖추게 되었다. 독자들이 이 책을 확장된 자기 성찰적 에세이로 생각해 준다면 가장 좋겠다.

이 책이 자기 삶에서 스토아철학과 불교를 함께 수련하고자 하는 이들의 흥미를 북돋아 주고 도움을 주었으면 하는 바람이다. 나아가 오늘날 스토아철학과 불교가 지속적으로 진행하고 있는 '재창조'의 성격에 관해 돌아보는 촉매가 된다면 더 바랄 나위가 없을 것이다.

패트릭 어셔

더블린, 2018년 2월

들어가며

불교와 스토아철학의 현대적 부활[1]

오늘날 많은 스토아주의자가 불교의 명상 또는 불교에서 유래한 명상을 수련하고 있다. 실제로 많은 스토아주의자가 스토아철학과 불교라는 두 접근 방식이 서로 보완적이라는 사실을 알게 되었다. 한편, 현대의 많은 불교인들 역시 불교의 렌즈로 스토아철학을 들여다보고는 스토아철학이 자신들의 접근 방식과 매우 유사하다는 사실에 놀라고 있다. 이것은 어떤 이유에서일까?

현대 스토아철학이나 현대의 불교 수행에 대해 잘 모르는 채로

---

[1] 이 책의 각주에 관하여: 원전 자료는 저자와 고대 텍스트, 원 출처를 밝혔다(예: 에픽테토스, 『담화록』, 1.3.4). 2차 자료는 책 출간연도와 페이지를 적었다(예: 1997, 8). 책 말미에 수록한 '참고자료'에서 인용한 책의 완전한 제목과 서지 정보를 확인할 수 있다.

각각의 고전적 형태에만 익숙한 사람들이 보기에는 두 철학에 언뜻 공통점이 없어 보일 것이다. 우선 스토아철학이 속한 그리스로마 철학에서는 철학적 삶의 방식의 뿌리를 '유신론적' 세계관에 둔다. 한편, 고전적 불교는 '무신론적' 종교 철학으로 금욕주의를 강조하며 다음 생의 더 좋은 삶을 얻는 데 초점을 맞춘다. 이렇듯 서로 다른 두 세계관이 어떻게 서로를 보완한다는 말인가? 현대의 스토아주의자 가 불교의 위빠사나 명상과 통찰 명상을 수련하길 원한다면 그 이유는 무엇일까? 또 이것이 자신의 스토아적 덕德의 수련에 방해가 되기보다 오히려 도움을 준다고 알게 되는 것은 어째서일까?

그 답은 현대를 사는 우리가 스토아철학과 불교의 두 전통을 오늘의 우리의 필요에 따라 지속적으로 재해석한다는 사실에 있다. 이상하게 들리겠지만 대부분의 서구인(또는 서구의 사고방식을 가진 사람들)이 오늘날 수행하고 있는 불교는 붓다 당시의 불교와는 다르다. 마찬가지 로, 오늘날 많은 스토아주의자가 수련하는 스토아철학 역시 원래의 스토아철학과 같지 않다. 한편, 이 두 가지 철학의 현대적 '재창조품'은 그것 각각의 고대적 형식과 갖는 유사성보다 두 철학의 현대적 '재창조 품' 사이에서 더 큰 유사성을 보이는 것이 사실이다.

이 책에서 나는 무엇보다 스토아철학과 불교라는 두 체계의 재창조 품이 지닌 본질을 탐구할 것이다. 즉 현대를 사는 우리가 이 철학들의 원래 형식을 바꿔야 할 필요성을 느끼는 이유는 무엇인가? 그리고 이것이 '우리'에 관하여 말해 주는 바는 무엇인가? 오늘날 우리는 스토아철학과 불교를 어떤 식으로 변용시켰으며, 어느 부분을 빼고

어느 부분을 더 강조하는가? 그리고 그 이유는 무엇인가? 책의 주요
부분에서 이 두 가지 철학이 공유하는 핵심적인 유사점을 찾아보고,
그것이 자기 삶에서 두 철학을 한데 결합해 수련하고자 하는 사람들에
게 도움이 되는 방식으로 제시해 보려 한다. 마지막으로 두 철학의
지속적인 적용과 변용에 대해, 그리고 각각의 철학이 어떻게 서로에게
긍정적인 영향을 줄 수 있는지에 관한 성찰로 책을 마무리하고자
한다.

'서양'불교의 발전

가장 순수한 형태의 '마음챙김'이라고 할 때 흔히 떠올리는 생각은
'현재에 사는 것'이다. 그런데 이 생각을 붓다 자신이 제안하지 않았다
는 사실을 안다면 현대의 많은 불교인이 놀랄 것이다. 붓다는 (그가
설했다고 전하는 가장 오래된 가르침의 모음인) 빠알리 경전의 어디에서
도 '현재 순간'이라는 말을 언급한 적이 없다. 또 붓다는 현재 순간을
의도적으로 즐기고 만끽하라고 말하지도 않았다.[2] 그리고 서양 불교
인들이 불교 원전을 잘 읽지 않는 것도 사실이다. 만약 읽으려 한다면
그들은 다음과 같은 구절을 만날 것이다.

---

2 마음챙김에 관한 전통적인 이해와, 현대적 형식의 마음챙김의 '현재 순간에
  대한 지나친 강조'의 차이에 관해서는 로널드 퍼서(Ronald Purser)가 쓴 훌륭한
  논문인 '현재 순간이라는 신화(The Myth of the Present Moment)'를 참조.
  (https://link.springer.com/article/10.1007/s12671-014-0333-z).

색(형상), 수(느낌), 상(관념), 행(의지 작용), 식(의식)의 5온과 관련
하여 그(비구)는 이것들을 '무상하다, 괴로움이다, 질병이다, 종기
다, 화살이다, 악이다, 고통이다, 낯선 것이다, 비어 있다, 영혼이
없다'라고 알아야 한다. 그는 이런 것들로부터 마음을 돌려 이것들
을 멀리해야 한다.[3]

조금 전 마음챙김을 하며 아침 식사를 마친 현대의 불교인이 있다고
하자. 그는 상처 입은 자신의 '내면아이'에게 깨어 있는 자기연민으로
주의를 기울인다. 오늘날의 이 불교인에게 붓다가 설한 위의 가르침은
충격으로, 도저히 이해할 수 없는 것으로 다가올 것이다. '붓다가
정말 '그런 말'을 했다고? 위 구절에서 '사랑'은 어디 있는가? 불교는
분명 이런 게 아닌데?' 물론 삶을 더욱 긍정하는 불교 경전, 연민에
찬 불교 원전 텍스트도 다수 존재한다. 하지만 위의 인용구 역시
확실히 붓다의 가르침과 그의 세계관의 일부로서 윤회(samsara)라는,
존재의 순환적 상태에서 벗어나는 것을 궁극적인 목표로 한다. 불교가
종교가 아닌 삶의 방식으로서의 철학이라고 자랑스럽게 주장하는
현대의 서구 불교인에게 불교 경전의 이런 구절과 마주치는 일은
꽤나 곤혹스러운 일이다.
　그러나 불교 자체가 그것이 속한 새로운 문화에 적응해 가는 고도로
유연한 시스템이라는 점을 감안한다면 서구 불교인의 세계관이 특정
한 면에서 붓다 자신의 세계관과 다르다는 사실은 그리 놀라운 일이

---

3 *Majjhima Nikaya* I 435, *Pali Buddhist Texts*, 37.

아니다. 세계의 모든 종교 가운데 불교는 아마도 가장 유연성이 크며 그것이 속한 문화에 따라 특정되는 종교일 것이다. 동양 문화권에서도 서로 분명하게 구분되는 불교의 형식이 존재한다. 일본의 선불교는 티베트불교와 매우 다르며, 티베트불교는 또 테라와다불교(상좌부불교)와 무척 다르다. 불교학자 스토호프(Storhoff)는 이렇게 말했다. "역사적으로 불교는 그것이 전파된 모든 곳에서 발전했으며 해당 지역의 관습과 감정상 필요에 부응하는, 필수적이고 역동적인 종교로서 응대해 왔다."[4] 그렇다고 이렇게 다양한 모습으로 나타나는 모든 불교에 공통된 줄기가 존재하지 않는다는 의미는 아니다. 여기서 핵심은, 적어도 겉으로 드러나는 불교의 모습은 분명 눈에 띄게 다르다는 점이다.

이제 우리는 이런 질문을 던질 수 있다. '현대를 사는 우리는 어떤 특정한 필요를 지니고 있는가? 그리고 이 필요는 우리가 어떻게 불교를 다시 만들도록 이끌었는가?' '서양불교는 어떤 모습을 띠고 있는가?'

이 질문에 대한 답을 찾아가는 과정은 (비록 그 정신은 붓다의 그것과 상당 부분 일치한다 해도) 붓다가 주창한 불교와 매우 다른 접근 방식을 취할 수밖에 없다. 이제부터 세 사람의 주요한 현대 불교 저자를 예로 들어 이들의 접근 방식이 전통적 불교와 어떻게 다른지 살펴보자. 스티븐 배철러, 잭 콘필드, 그리고 틱낫한이 그들이다. 이 세 명의

---

4 Storhoff, 2013(3).

스승을 '서양불교'의 대변자로 택한 이유는 세 사람 모두 서양에서 존경받는 유명한 불교 스승이기 때문만은 아니다. 이들이 서양 대중을 위한 불교를 '재창조'하는 과정에 의식적으로 참여했기 때문이기도 하다. 이 세 분은 내가 이 책에서 살펴보려고 하는 '서양불교'의 대변자라고 할 수 있다. 물론 서양에는 보다 고전적인 형태의 불교를 비롯해 이들 외에도 불교를 대변하는 분들이 있다. 하지만 이 세 저자에게서 보이는 생각들은 서구사회에서 가장 인기 있는 형식의 불교를 가리켜 보인다고 할 수 있다.

스티븐 배철러와 세속 불교 논쟁

먼저 살펴볼 서양불교의 지도자는 스티븐 배철러이다. 그는 내가 말하는 불교의 현대적 접근 방식을 상징하는 교사라고 할 수 있다. 초기 성인기의 상당 부분을 (처음엔 티베트불교에서, 다음에는 한국의 선 전통에서) 불교 승려로 보낸 그는 이후 승복을 벗고 '세속 불교 (secular Buddhism)'라는 흐름을 가르치는 교사이자 주창자가 되었다. 『불교 무신론자의 고백(Confession of a Buddhist Atheist)』, 『신앙 없는 불교(Buddhism Without Beliefs)』 등 몇 권의 논쟁적인 책을 쓴 그는 전통적인 불교 이해에 급진적으로 맞서는 것으로 유명하다. 배철러가 보기에 불교는 경직되어서는 안 되며 지나치게 전통적인 형식에 얽매일 필요도 없다. 그에 따르면 불교의 핵심 가르침인 무상 (impermanence)의 가르침은 우리의 삶을 이해하는 데 있어서만 아니라 불교라는 시스템 자체에도 적용되어야 한다. 즉 불교 역시 무상하며, 고정된 실체가 없으며, 변화가 필요하다는 것이다.[5] '붓다가 그렇게 말했기 때문에'라는 구절은 배철러에게 있어 설명의 근거로서 적절하지 못하다. 배철러는 만약 붓다가 오늘날 우리 문화에 살아 있었다면 '어떻게 말했을까'에 더 관심을 갖는다. 이 점에서 배철러는 자신을 '세속' 불교인으로 칭한다. 그가 말하는 '세속'이라는 말은 단순히 '종교와 무관하다'는 의미가 아니다. 그것은 그가 말하는 불교가 '지금 시대'의 필요와 요구를 반영하는 불교이어야 한다는 의미다. 아닌 게 아니라 '세속(secular)'이라는 단어의 라틴어 어원 saeculum의 원래 의미도 '지금 시대'이다.[6] 이런 입장이 배철러의 가르침에 어떻게 반영되어 있는지 가장 분명하게 보여주는 예가 있다. 그는 전통적 불교의 정통 교리인 환생(윤회)의 개념을 공공연히 거부한다. 배철러는 환생에 대한 믿음은 조금도 필요하지 않다고 주장한다. 그는 불교를 고통과 '고뇌'를 다스리고 극복하는 '수행(practice)'의 도구로 간주하며 이렇게 말한다.

> 고뇌와 고뇌를 종식하는 데 관심을 갖는 수행이 고대 인도의 형이상학적 이론을 받아들여 '의식은 뇌의 작용으로 설명할 수 없다'는 신조를 받아들여야 한다는 것은 다소 이상하다.[7]

---

[5] 2011b, 278.

[6] 배철러의 글은 다음을 참조: http://yalebooksblog.co.uk/2017/04/03/secu-lar-buddhism-by-stephen-batchelor-an-extract/

이 입장에서 볼 때 '의식'은 살아 있는 어떤 존재가 죽으면 다른 존재로 이동하는 것이 아니라, 배철러에 따르면 '뇌의 작용'이라는 관점에서 과학적으로 설명 가능한 현상이다. 그리고 만약 불교의 핵심이 '고뇌'를 이해하고 줄이는 수행과 치료의 도구라고 한다면[배철러는 흔히 '괴로움(suffering)'으로 번역하는 '둑카'의 번역어로 '고뇌(anguish)'라는 단어를 더 선호한다.] 윤회에 대한 부가적인 믿음은 반드시 필요하지 않은 과잉이라고 할 수 있다. 이런 견해를 가진 사람은 배철러만이 아니다. (모두는 아니라 해도) 대부분의 서양 불교인이 그들이 자라온 과학적이고 합리적인 문화에 어울리지 않는다는 단순한 이유로 윤회의 가능성을 거부하고 있다.

그렇다면 배철러의 불교를 어떻게 특징지을 수 있을까? 그의 관심은 지극히 실제적이다. 우리는 '우리가 처한 고뇌라는 존재론적 조건에'[8] 어떻게 응대해야 하는가? 고전 불교 텍스트를 읽는 과정에서 그는 이런 틀에 초점을 맞춘 상당량의 텍스트를 선택해 다시 작업하는 한편, 그 틀에 맞지 않는 많은 텍스트는 폐기했다. 이 점에서 배철러의 접근 방식에 영감을 준 텍스트 중 하나가 붓다가 다르마를, 강 저편으로 건너기 위해 우리가 직접 만든 뗏목에 비유한 텍스트이다(다르마: '진리' 또는 '가르침'을 뜻하는 불교 용어로서 본질적으로 고통을 이해하고 극복하는 수단을 의미한다).[9] 이와 관련해 배철러는 현대의 불교 수행에

---

7 1997, 37.

8 1997, 6.

9 *Majjhima Nikaya* 22, i. 135.

대해 이렇게 말한다.

> 불교의 여기저기서 만나는 생각과 이미지, 통찰, 철학적 스타일,
> 명상법, 도덕적 가치 등을 튼튼히 한데 묶어 뗏목으로 만들어
> 당신의 삶이라는 강에 띄워라. 가라앉거나 부서지지 않고 강 저편
> 으로 건너갈 수 있다면 뗏목의 목적을 다한 것이다. 그렇다고
> 그것이 '불교'가 무엇인가 또는 무엇이어야 하는가에 관한 다른
> 사람들의 생각과 반드시 일치해야 하는 것은 아니다.[10]

우리는 이렇게 열려 있는 유연한 태도가 개인적 탐구를 선호하는
현대의 분위기와, 그리고 상당한 정도로 서구의 개인주의와 공명하는
이유를 어렵지 않게 알 수 있다.

실용적인 면을 드러내놓고 강조하는 것 역시 현대와 잘 어울리는
부분이다. 배철러에게 붓다가 말한 사성제(네 가지 고귀한 진리)란
우리가 맹목적으로 받아들여야 하는 믿음이 아니다. 그것은 우리가
적극적으로 활용하고 적용해야 하는 '네 가지 고귀한 과제'에 가깝다.[11]
불교의 핵심 측면을 우리 자신의 문화적 규범에 비추어 다시 작업해야
한다는 것이 배철러의 주장이다. 배철러가 보기에 이렇게 탄생한
'불교'는 붓다가 말한 불교와 배치되지 않는다. 오히려 그것은 붓다가

---

[10] 2011a, 229.

[11] 다음을 참조: https://www.upaya.org/2015/02/stephen-batchelor-four-no-ble-tasks/

발견한 실재와 마음의 본성에 관한 핵심적인 통찰을 담고 있으며, 그것을 오늘날의 상황에 적용하고 응용한다. 이것은 21세기에 필요한 불교를 세우려는 시도로서, 만약 붓다 자신이 오늘날 살아 있었다 해도 그에 찬성할 것이라고 배철러는 생각한다.

배철러의 의도적인 불교 재작업은 다음과 같은 선禪의 공안(화두)에 가장 잘 드러나 있다. 이 화두는 중국 당대唐代의 선승 운문雲門이 처음 말한 것으로, 배철러는 자신의 주장을 지지하기 위해 이를 인용한 다. '무엇이 필생의 가르침입니까?'라는 제자의 질문에 운문은 '… 어떤 상황에도 적절히 응대하는 것'이라고 짧고 심오하게 답했다.[12] 그의 대답에서 우리는 '서양'불교 자체의 토대를 발견할 수 있다.

잭 콘필드, 불교를 서양 심리학에 응용

우리가 살펴볼 두 번째 '서양불교'의 지도자는 잭 콘필드이다. 스티븐 배철러처럼 콘필드도 태국 숲속 전통의 대표적 지도자인 아잔차 스님의 제자이자 승려로 오랜 시간 불교 수행자로 경험을 쌓았다. 그러던 중 1976년 미국으로 돌아와 몇 사람의 미국인과 함께 통찰 명상(Insight Meditation) 전통을 세웠다.[13] 불교를 서양의 사고방식에 맞게 적용시키는 과정은 그의 접근 방식이 지닌 핵심적인 측면이었다. 그리고 이 책에서 살펴볼 그의 가장 유명한 책의 제목도 『가슴의

---

12 1997, 45.
13 Batchelor (2011b), 349.

길: 서양인을 위한 불교심리학(A Path with Heart: Buddhist Psychology for the West)』이다.(한국어판 제목은 『마음의 숲을 거닐다』)

배철러처럼 콘필드도 초기 성인기에 자신이 속한 불교의 엄격하고 금욕적인 부분에 불편함을 느꼈다. 그는 아시아의 불교적 위계질서에 만연한 접근 방식에서 겪었던 고충을 돌아보며 이후에 자신의 경험에 대해 이렇게 적었다.

> 조직화된 종교로서 불교가 지닌 한계에 대해 내가 느꼈던 불편한 부분은 이런 것이었습니다. 파벌주의, 그리고 제자와 스승 사이의 애착, 영역성, 가부장적 분위기, 수행자가 따뜻한 가슴과 멀어지게 만드는, 생명을 부정하는 수행의 과도한 경향성 등이 그것입니다.[14]

그의 말에서 우리는 불교 사원 바깥에서 '가슴 따뜻한 방식으로' 일상생활의 현실에 참여할 수 있는 불교, 그리고 개인적 탐구를 장려하는 철학 체계로서의 불교를 모색했던 콘필드의 고초를 느낄 수 있다. 실제로 콘필드는, 그의 표현을 빌면, 전통 불교의 '취약한 부분 또는 중세적인 부분'에 대해 다시 생각하고 재작업하는 일이 반드시 필요하다고 보았다.[15]

이런 생각은 그가 미국에서 통찰 명상(Insight Meditation) 커뮤니티를 세우는 동기가 되었다. 콘필드는 미국인들의 정신에 맞게 불교를

---

14 2011, 199-200.
15 2011, 201.

24

적응시키는 과정에 대해 이렇게 말했다.

> 우리는 불교 수련에서 가장 명료하고 단도직입적인 부분을 배워 그것을 서양에 가져오고자 했습니다. 각종 의례와 동양의 문화, 의식들은 상당 부분 아시아에 그대로 두고 왔지요. 이것은 우리가 그 부분을 중시하지 않아서가 아닙니다. 단지 그것들이 불필요하다고 느꼈습니다. 우리가 보기에 우리 시대와 문화에는 마음챙김 수련이 가진 단순성과 단도직입적인 성격이 북미 사람들의 가슴에 가장 크게 와 닿을 것으로 보였습니다.[16]

의심의 여지없이, 콘필드의 '시대와 문화'에 가장 호소력을 갖는 요소로서 마음챙김 수련의 '단순성과 단도직입적 성격'에 초점을 맞춘 그의 분석은 정확하다. 실제로 서양에서 불교를 찾는 많은 이들이 불교에 매력을 느끼는 이유도 (상당 부분) 서양불교에서는 의식과 의례를 내세우지 않기 때문이다. 더욱이 오늘날 많은 영적 구도자는 '이미 밝혀진 종교적 진리'의 교리를 통해 '모든 답이 주어지는' 것을 원하지 않는다. 그들은 자신의 수련과 그로부터 얻은 통찰을 가지고 자신의 내면적 자아를 변화시키고 이로써 다른 사람과 더욱 진심 어린 관계를 맺기를 원한다. 서양불교가 마음챙김 수련을 무엇보다 강조하는 경향을 보이는 것도 이런 이유 때문일 것이다. (언제나 그런 것은 아니지만) 실제로 서양의 수많은 불교 단체에서 붓다의

---

16 In Stevenson (1991), 248.

팔정도(팔지성도八支聖道) 중 마음챙김을 자신들의 주춧돌이자 기둥으로 삼는 한편, 나머지 일곱 가지는 상대적으로 덜 강조하는 점도 주목할 만하다. 붓다에게 바른 견해, 바른 의도(바른 생각), 바른 말, 바른 행동, 바른 생계, 바른 노력, 바른 마음챙김, 바른 집중은 그의 가르침에서 하나같이 중요한 부분이며, 그중 어느 것도 다른 것 없이는 존재할 수 없다. 하지만 서양은 불교의 가르침을 자신들의 상황에 적용하는 과정에서 명상 수련, 즉 일상에서의 마음챙김을 계발하는 데 무엇보다 초점을 맞추었다. 반면, 전통적인 불교문화의 재가 신자들은 대부분 명상 수련을 하지 않으며 그것을 승려들의 몫으로 남긴다. 대신에 재가 신자들은 바른 생계라는 원칙에 따라 생활하며 일상생활에서 도덕적 계율을 준수하는 데 더 중점을 둔다.

콘필드에게 있어 불교의 독단적이고 지나치게 전통적인 특징을 벗겨내는 작업은 '북미의 불교인들이 발휘하는 용기 있는' 행동이다.[17] 하지만 그렇다고 그 작업이 서양의 상황에서 거부감을 보이는 불교의 측면을 제거하는 작업에 국한되는 것은 아니다. 그것은 서양의 진취적인 이상을 불교 자체의 결 속에 엮어 넣는 작업이기도 하다. 콘필드에게 이것은 공통의 불교 수련을 진작시키고(즉 서로 다른 불교 형식 사이의 비非종파주의를 고취하고) 민주화와 여성화를 이루며 불교의 수련을 (일상생활과 사회 전반의 사회적 행동에) 통합하는 일이다.[18] 평등이라는 서양의 이상에 영감을 받은 이 모든 이상들은 '서양 불교인

---

17 2011, 201.
18 2011, 195ff.

이 된다'는 의미의 일부를 이루어 타인을 향한 연민을 계발하는 서양 불교의 수련에도 영감을 주었다. 서양의 많은 불교인이 자신의 불교 철학의 도덕적 이상 가운데 상당 부분이 실제로 붓다뿐 아니라 서양 사회에 토대한 진보적 이상 덕분임을 깨닫지 못하는 것은 어찌 보면 아이러니한 일이다.

틱낫한: 참여 불교의 발전

틱낫한은 베트남의 승려로 달라이 라마와 함께 오늘날 살아 있는(2022년 1월에 작고하였다 - 옮긴이) 가장 유명한 승려이자 '참여 불교'의 주도적인 제창자 가운데 한 사람이다. '참여 불교'라는 말은 불교의 가르침을 일상생활의 매우 실제적이고 생생한 괴로움에 적용하는 불교 형식을 가리키는 동시에 사회의 불의와 인도주의적 위기상황, 파괴적인 전쟁 등에 관여하는 불교 형태를 말한다.[19] 전통적 불교 교단의 승려로서 수행한 틱낫한에게 참여 불교란 '불교 교단이라는 틀을 벗어나 생각하는' 시도로서 누구라도 (잠재적으로) 자기 삶의 방식으로 택할 수 있는 불교의 접근 방식을 마련하는 것을 말한다. 틱낫한의 이런 입장은 그가 승려로 수련하던 초기부터 일관되게 이어져 왔다. 베트남에서 젊은 승려로 있을 당시부터 그는 불교 승려를 가르치는 교과과정에 서양철학과 서양과학을 도입하자며 끊임없이 불교의

---

19 King, 2011, 74.

기존 상태에 도전했다. 그는 이렇게 할 때 불교의 수련에 생명력을
불어넣을 수 있다고 생각했다.[20] 이윽고 틱낫한은 이후에 '상호의존
교단(Order of Interbeing)'으로 알려진 자신만의 불교 공동체를 설립했
다('interbeing'은 모든 것이 상호의존적으로 공존한다는 뜻으로 '사이 존재',
'상호의존' 정도로 옮길 수 있다. 한국에서 '접현종'이란 이름으로 번역된 적이
있다 – 옮긴이). 이 교단은 틱낫한이 '서양에서 받아들여질 것으로'
공공연히 희망한 불교 형식이다.[21] 상호의존 교단 내에는 '사회 변화'의
모델이 될 것으로 그가 생각한 몇 개의 활발한 공동체가 존재하는데[22],
그중 가장 주목할 만한 것이 프랑스의 플럼 빌리지(Plum Village)다.
'상호의존 교단'에 들어가려는 수련자는 '다섯 가지 마음챙김 수련'이
라는 글을 읽어야 한다. 이 글은 '글로벌 영성과 도덕에 관한 불교적
버전'이라고 할 수 있으며[23] 더 깊은 수행을 원하는 수행자는 '열네
개의 마음챙김 수련'이라는 글을 읽어야 한다.

틱낫한의 불교는 불교의 다양한 전통적 가르침을 '긍정적인 느낌'으
로 새롭게 해석한다. 가령 그는 붓다의 사성제 중 첫 번째 고귀한
진리인 '삶은 고통이다'를 재미있게 (그러나 진지하게) 다시 다루며
이렇게 말한다. "삶을 고통이라고 말하는 것으로 충분하지 않다.

---

[20] King, 2001, 73.

[21] 1995, 86.

[22] King, 2001, 82.

[23] 다음을 참조: https://plumvillage.org/mindfulness-practice/the-5-mindful-
ness-trainings/

우리는 삶의 경이로움과도 접촉해야 한다."[24] 또 그는 무상을 (허무적인 것이 아니라) '긍정적인' 변화를 일구는 핵심 요소로 간주하며 이렇게 말한다. "무상이 영원하길! 무상이 없다면 그 무엇도 바뀔 수 없는 법!"[25] 틱낫한도 배철러와 마찬가지로 환생(윤회)에 초점을 맞추지 않는다. 그 역시 실용적인 접근 방식을 선호하며 이렇게 말한다. "우리는 미래를 위해 수행하지 않습니다. 특정한 존재로 다시 태어나려고 수행하는 것이 아닙니다. 우리는 바로 지금 평화롭기 위해, 바로 지금 연민의 마음을 키우기 위해, 그리고 바로 지금 기쁨을 누리기 위해 수행합니다."[26] 환생에 대한 믿음이라는 불교의 '정통' 교리가 서양불교에서는 '비정통'이 되었다. 그것은 규칙이 아니라 예외가 되었다.

불교에 대한 틱낫한의 접근 방식은 서양의 영적 구도자들의 요구에 공공연히 호소하는 것을 목적으로 한다. 틱낫한은 불교의 본질에서 변용과 적응을 핵심적인 부분으로 간주하며, 각각의 불교 형식이 그것이 속한 문화와 상호적인 관계를 맺어야 한다고 본다. 그는 이렇게 말한다. "불교의 본질은 변하지 않는 채로 유지하되 불교의 형식은 바뀌어야 한다. 여기서 불교의 본질이란 특정하게 도식화할 수 없는 살아 있는 원칙을 실천하는 것을 말한다."[27] 실제로 틱낫한은 미국을

---

24 1995, 13.
25 Dharma Gates 웹사이트의 인터뷰에서(http://dharmagates.org/long_live_impermanence.html).
26 1995, 88.

방문하는 동안 '미국 부처'의 불상이 언제 나타나는지 질문했다고
한다.[28] 나아가 그는 미국 독자들에게 이렇게 썼다. "저는 우리가
다른 불교 전통에서 배움을 얻을 수 있다고 생각합니다. 하지만 여러분
은 여러분만의 불교를 창조해야 합니다. 여러분의 깊은 수행으로
여러분만의 불교를 곧 마련할 수 있다고 믿습니다."[29] 한마디로 틱낫한
은 자신의 수행 배경과 크게 다른 불교 형식, 즉 서양인의 근본적인
믿음과 그들의 영적 필요에 부응하는 참여적이고 사회적인 불교를
제창한다.

'서양'불교의 이해를 위하여

지금까지 우리는 세 사람의 불교 지도자를 살펴보았다. 그렇다면
어떻게 하면 '서양'불교를 제대로 이해할 수 있을까?

　세 사람의 교사 모두에서 분명하게 드러나는 서양불교의 가장
큰 특징은 매우 '선택적인' 접근 방식을 취하고 있다는 점이다. 다시
말해 우리에게 울림을 주는 (어떤 의미에서 오늘날 서양의 영적 딜레마를
해결하는 데 도움이 되는) 불교 원전의 사상과 개념만을 서양불교 문헌에
포함시킨다는 사실이다. 전통적인 의례와 의식, 수직적인 체계, 형이
상학적 세계관 등 그 밖의 많은 것은 그대로 남겨둔다. 심지어 전통적

---

[27] In Batchelor (2011b), 274.

[28] 1995, 85.

[29] 1995, 86.

불교에서 핵심이 되는 도덕 사상조차 서양불교에서는 그리 중요하게 다루지 않는다(팔정도 가운데 '바른 생계'의 중요성에 관해 말하는 서양 불교인도 있지만 그는 마음챙김에 관해 이야기할 가능성이 더욱 크다). 대신에 서양불교에는 (연민심의 계발과 함께) 명상 수행을 통한 자기 변화와 개인적 탐구의 정신을 고취하는 철학을 가지고 있다.

개인적 탐구 정신에 관하여 서양불교가 원전 텍스트를 매우 선택적으로 취하는 양상을 보이는 사례를 보자. 만약 당신이 서양의 불교 모임에 참여한다면 붓다가 개인적 탐구의 중요성을 강조하며 그의 가르침이 진실인지 아닌지 우리 스스로 알아내야 한다고 말했다는 것을 종종 들을 것이다. 이 말은 『맛지마 니까야』(중간 길이 경전의 모음)의 구절에서 따온 것으로, 붓다는 거기서 우리가 교사의 말을 맹목적으로 따르기보다 자신의 경험을 믿는 것이 더 중요하다고 강조했다.

"비구들이여, 그대들이 만약 이것을 알고 보았을 때 그대들은 이렇게 말하겠는가? '우리의 스승님은 존귀하시므로 스승에 대한 존경심으로 우리는 이렇게 말한다'라고?"
"결코 그렇게 말하지 않습니다, 스승님!"
…
"비구들이여, 그대들은 그대들 스스로 알게 된 것, 그대들 스스로 본 것, 그리고 그대들 스스로 알아낸 것을 말하지 않겠는가?"
"분명히 그렇습니다, 스승이시여!"[30]

「깔라마경」(깔라마에게 주는 가르침) 역시 이와 비슷한 격려를 전한다. "결코 그대의 스승이 말했다고 해서 그것을 받아들이지 말라. 오직 그대 스스로 그렇다고 알 때 받아들이라."[31] 이 구절은 분명 붓다의 가르침의 정신에 충실함에도 전통 불교가 아닌 서양에서 더 인기가 있다는 것은 아이러니한 일이다. 현대 불교 연구자인 맥마흔(McMahan)이 『불교 모더니즘의 형성(The Making of Buddhist Modernism)』이라는 책에서 말하듯이 개인적 탐구를 중시한 오래된 경전은 현재 이전에는 한 번도 인기가 없었다.[32] "… 불교인들은 지금껏 정통 교리에 의구심을 갖거나, 구도를 향한 자기만의 접근 방식을 따르도록 장려 받지 못했다."[33] 그보다는 고대 원전에서 특정한 사상을 '선별해' 개인적 탐구를 강조하는 불교 수행의 형태로 다시 만들었다.

맥마흔의 생각이 우리에게 도움을 주는 지점은 또 있다. 간단히 말해 그는 '불교 모더니즘'이 다음 세 가지 요인의 결과라고 주장한다. 탈전통(detraditionalization), 탈신화(demythologization), 심리학적 해석(psychologization)이 그것이다. 우선 탈전통에 관하여 그는 낭만주의 운동과 합리주의 운동을 거치면서 서구의 정신은 '초월적이고 권위적인 과거'를 받아들일 수 없다는 점을 깨달았다고 말한다. 이때 불교는 지금까지의 전통에서 탈피해 '자아' 자체를 신성한 것으로

---

30 *Majjhima Nikaya* I 265, in the book *Pali Buddhist Texts,* 19-20.

31 *Kalama Sutta,* in Batchelor (1997), 1.

32 2008, 65.

33 2008, 44.

여기면서 개인의 내면 영역이 권위가 존재하는 장소가 된다. 마찬가지로, '신화에서 탈피한' 체계는 신화(myth)를 사실이 아니라 단지 다양한 마음 상태를 표현하는 비유로 해석한다. 그리고 심리학적 해석을 내리는 체계에서는 심리적 건강을 키우는 것을 강조한다. 이런 대조는 다음과 같은 사실을 생각해 볼 때 분명히 드러난다. 수백 년 전만해도 서구 학계는 (다소 편견에 치우친 채 대개 일반론적인 태도로) 불교를 '무신론, 허무주의, 정적주의(靜寂主義: 상황을 바꾸려 하지 않고 묵묵히 그대로 받아들이는 삶의 자세), 비관주의, 우상숭배' 등으로 특징 지었지만 오늘날 서구의 불교 수행자들은 대부분 자신의 철학을 '낙관주의, 행동주의, 반의식주의反儀式主義, 반우상숭배, 사회적으로 유익한 것'으로 본다.[34]

　서양불교가 응용임을 보여주는 한 가지 명백한 표시가 있다. 그것은 (대부분의) 서구 불교 그룹에서 상세히 연구하는 불교 원전 텍스트가 매우 한정되어 있다는 사실이다. 그들은 경전의 원전을 공부하기보다 붓다와 관련된 특정한 핵심 이야기와 인용문, 우화를 명상과 마음챙김 수행에 관한 일련의 표준적 지침과 함께 토론하는 경향을 보인다. 더욱이 오늘날 서양의 불교인이 쓴 대부분의 책들은 불교 원전 텍스트를 깊이 다루지 않는다. 그보다 그 책들은 원래의 핵심적인 일부 불교 사상과 저자 자신의 경험, 개인적 철학, 그리고 다른 영적 전통이

---

34 2008: 43 '초월적이고 권위적인 과거', 43 '권위가 존재하는 장소', 46-비유, 40 〔심리적 건강〕, 69 〔초기 서구 학계의 불교 인식과 현대 불교 수행자의 불교 인식의 대조〕.

나 서양 심리치료에서 얻은 통찰을 다룬다. 이것은 서양불교가 '응용' 이라는 것을 보여주는 분명한 표시다. 서양불교는 오래된 원전 텍스트에 대해 숙고하는 데 상대적으로 관심을 덜 기울인다. 실제로 빠알리 경전을 진지하게 공부한 서양 불교인을 찾기는 쉽지 않다. 설령 찾는다 해도 그는 가령 틱낫한이나 잭 콘필드의 추종자일 가능성이 높다. 또는 여러 현대의 불교 지도자들로부터 영감을 얻은 자기만의 접근 방식을 개발한 사람일 가능성이 높다. 이것은 서양불교가 지닌 비도그마적인(비독단적인) 성격, 개인적 탐구를 중시하는 성격과 일치한다.

나는 서양에서 보이는 불교의 성격을 이야기함에 있어 '서양불교'가 현재와 과거의 여러 불교 전통보다 '우월하다'고 암시하는 것이 결코 아님을 분명히 한다. 나는 단지 서양문화가 붓다의 가르침과 만남을 가진 이후에 '불교의 원래 색깔에서 벗어난' 특정한 불교 형식이 보이는 두드러진 특징을 묘사하고자 할 뿐이다. 이렇게 지금 보이는 불교의 모습은 지역적으로 서구에 한정되지 않는다. 우리가 지금 말하는 종류의 불교는 많은 생각이 인터넷으로 공유되는 글로벌 시대에 전 세계 곳곳에 퍼져 있다. 더욱이 앞서 말했듯이 '서양불교'는 결코 붓다 자신의 철학과 대치하지 않는다는 점을 강조해야 한다. 서양불교의 접근 방식은 붓다 자신의 가르침의 정신과 일치한다. 다만 그의 가르침을 서양의 특정한 '색깔'에 맞추었을 뿐이다.

요약하면, 서양불교는 일상에서 일어나는 실제적인 현실로서의 괴로움을 다루는 것을 목적으로 하는 지극히 실용적인 접근 방식을 택한다. 서양불교에서 높은 차원의 개인적 탐구는 불교 교단의 벽 안에 있는 선택된 소수에게 국한되지 않는다. 그것은 모든 사람이 활용할 수 있다. 자기 변화의 힘을 지닌 마음챙김 수련이 전통적으로 승려들의 전유물이었다면, 이제 서양불교에서는 그것이 전면으로 나서 대중의 주목을 받게 되었다. 또 전통 불교에서 재가 불교 수행자는 선한 행위로 '공덕'을 쌓아 (이상적으로) 더 복된 내생의 삶으로 다시 태어나는 것을 목표로 하는 경향이 있었다면, 서양불교에서는 '지금-여기'의 철학에 더 초점을 맞춘다. 지금-여기의 철학에서는 환생(윤회)에 대한 믿음이 필수가 아니며 오히려 드문 것이기도 하다. 비록 붓다 자신이 현재 순간을 중시하는 마음챙김의 측면을 강조하지 않았다 해도 실제로 서양불교는 현재 순간에 대한 집중을 장려하는 것과 깊은 관련이 있다('당신이 가진 유일한 순간은 바로 지금이다'라는 표현은 이런 생각을 나타내는 표현이다). 간단히 말해 서양불교는 사회 전반에 긍정적인 변화를 주는 도덕 원칙과 함께, 자아의 변화를 장려하는 명상 수련법을 갖춘, 삶의 방식으로서의 실제적인 철학이다.

그런데 만약 이 말이 당신에게 스토아철학의 목적을 떠올리게 만든다면, 그리 틀린 것은 아니다.

스토아철학 그리고 오늘날 '재창조한' 스토아철학

스토아철학은 삶의 방식으로서 매우 실용적인 철학이다. 그것은 지금도 그렇고 과거에도 그랬다. 스토아철학의 핵심적인 생각은 우리가 삶에서 소중히 여겨야 하는 가장 중요한 것은 덕(virtue)이라는 것이다.

덕이란 단도직입적으로 말해 우리의 훌륭한 성품 상태를 유지하는 것, 그리고 삶이 우리에게 던지는 어떤 역경에도 현명한 행동을 취하는 것을 말한다. 이것과 더불어 스토아철학은 자아의 변화를 독려하는 목적의 다양한 기법과 연습을 갖추고 있다. 그리고 그 방식은 불교의 명상 수행과 완전히 똑같지는 않아도 매우 유사하다.

로마 황제 마르쿠스 아우렐리우스가 자신을 향한 개인적 성찰의 기록으로 남긴 『명상록』, 자유 노예로서 철학자가 된 에픽테토스가 쓴 『담화록』, 정치가 세네카가 쓴 『서한』의 텍스트는 줄곧 사람들에게 인기가 있었지만 오늘날에는 전에 없던 새로운 생명력을 발견하고 있다. 이런 현상은 〔오늘의 스토아철학(Stoicism Today)'라고도 알려진〕 현대 스토아철학 운동에 힘입은 바 크다. '오늘의 스토아철학'은 2012년부터 현대적인 스토아철학의 자료를 개발하며 다양한 활동을 펼쳐온 심리치료사와 학자, 철학자들의 모임으로 매년 한 차례 '국제 스토아 주간(International Stoic Week)'이라는 행사를 갖는다(현재는 매년 10월에 열린다). 스토아 주간에는 현대 스토아철학의 조언집으로 특별히 제작된 『편람(Handbook)』을 실천하는 전 세계 수천 명의 참가자가 모인다(스토아철학자 에픽테토스가 쓴 도덕에 관한 짧은 이야기들을 편람처럼 담은 책 『엥케이리디온』을 비유해 제목을 지었다 – 옮긴이).[35]

그런데 이런 새로운 형태의 스토아철학은 마르쿠스 아우렐리우스와 에픽테토스, 세네카의 스토아철학과 같은 것일까? 아니면 서양불

---

35 스토아 주간과 현대 스토아철학 운동에 관한 자세한 정보는 다음을 참조: www.modernstoicism.com.

교의 경우처럼, 스토아철학 또한 '재창조'되어 현대 서양에서 나타나는 특수한 영적 딜레마에 응용시킨 것일까?

이 질문에 대한 답은 후자 쪽이다. 서양불교가 환생(윤회) 등 전통적인 불교 수행과 신앙의 일부 측면을 탈락시켰듯이, 현대 스토아철학도 고대 스토아철학의 상당 부분을 덜어냈다. 그중에서도 아주 중요한 변화가 한 가지 있었다.

스토아철학에서 신을 빼내다

오늘날 스토아철학을 수련하는 많은 사람이 보기에 고대 스토아주의자가 가진 심각한 '문제'는 그가 모든 존재에 스며 있는 신성神聖의 원리를 믿었다는 사실이다. 스토아철학자들은 로고스(Logos)라는 신성의 원리에 '제우스', '신', '자연' 등 다양한 이름을 붙였다. 이것은 일종의 원리, 모든 사물을 관통해 흐르고 있는 질서정연한 '생명의 힘'으로 이해하면 가장 좋다. 그러나 유대-기독교의 신과 달리, 당신은 스토아적 로고스와 '개인적 관계' 속으로 들어갈 수 없다. 그리고 스토아적 로고스에게는 '어떠한 종류의 은총'도 부탁할 수 없다. 스토아에서 말하는 신성의 원리는 철저히 비개인적이다. 그럼에도 만약 당신이 고대의 스토아주의자라면 당신은 분명코, 신성하게 설계된 로고스의 작용과 자연에서 발견되는 놀라운 일관성, 그리고 이 세계가 조직되어 있는 철저한 논리적 방식에 경외감을 느끼지 않을 수 없을 것이다. 이런 의미에서 스토아주의자들은 의심의 여지없이 로고스를

숭배했다고 할 수 있다.

그러나 고대의 스토아주의자는 여기서 그치지 않았다. 그들은 자신을 로고스의 살아 있는 현현顯現으로 여겼다. 그리고 이러한 인식은 그로 하여금 신성의 '살아 있는 불꽃'으로 자기 내면의 신성을 계발하도록 이끌었다. 우리들 각자의 내면에 존재하는 이 신성의 불꽃은 일종의 타고난 '내면의 선함'으로 여겨졌다. 에픽테토스는 이를 이렇게 표현했다. "당신이 문을 닫고 내면의 어둠에 싸일 때마다 당신이 혼자라고 말하지 않도록 하라. 왜냐하면 당신은 결코 혼자가 아니기 때문이다. 당신 안에는 실제로 신이 거하며, 신은 당신의 내면에서 당신을 지켜주는 수호자이다."[36] 이처럼 '내면의 신성'이라는 생각은 스토아철학 전체를 관통해 흐르고 있다. 스토아철학의 저작에는 신적인 섭리로서의 신과 자연에 대한 언급으로 가득하다.

오늘을 사는 많은 사람에게 이런 생각은 그들이 지니고 있는 기존의 유신론적 신앙과 어울릴 것이다. 하지만 그 밖의 많은 사람에게 고대 스토아철학의 신에 대한 믿음은 심각한 문제점을 가진 장애물로 작용한다. 그것은 많은 서양 불교인이 환생(윤회) 개념에 갖는 곤혹스러움과 유사한 방식으로 그들에게 문제로 다가온다. 따라서 고대 스토아철학에 영감을 받는 사람, 그러면서도 스토아철학의 유신론적 바탕에는 영감을 얻지 못하는 사람에게는 두 가지 선택이 있다. 스토아철학에서 완전히 등을 돌릴 것인가, 아니면 스토아철학의 일부를

---

36 Epictetus, *Discourses*, 1.14.2.

활용하고자 노력하는 한편 그 나머지는 버릴 것인가? 만약 후자를 선택한다면 '신'이 없는 스토아철학도 여전히 '스토아철학'이라고 할 수 있을까? 아니면 그 철학은 스토아철학과 완전히 다른 어떤 것일까?

스토아철학에 신을 넣을 것인가, 뺄 것인가에 관한 논쟁

바로 이 질문에 관한 흥미로운 논쟁이 마크 버논(Mark Vernon)과 팀 르본(Tim LeBon) 사이에 있었다. 마크 버논은 철학과 심리치료에 관한 여러 권의 책을 쓴 저자이며, 팀 르본은 심리치료사로서 '현대 스토아철학' 팀의 회원이다. 아래의 두 글은 처음에 2014년 11월 '오늘의 스토아철학' 블로그에서 활동하는 저자들 사이의 '논쟁'으로 기획되었는데, 위의 질문에 대한 양측의 이야기를 들어보는 기회가 될 것이다.

버논은 '로고스를 찬양하며'라는 제목의 글에서 현대 스토아철학이 자신의 철학에서 신을 빼버린 것에 비판적인 입장을 취한다. 그는 현대 스토아철학에서 신을 제거하는 것은 스토아철학의 뿌리에 크게 반하는 행위라고 본다.

… 고대 스토아주의자들은 오늘날에 스토아철학을 해석하듯이, 통제할 수 없는 것을 무시한 채로 만족스럽게 살 수는 없다고 생각했다. 고대 스토아주의자들은 두려움, 분노 등의 가장 인간적인 감정조차 우리의 의지를 훈련시켜 켜고 끌 수 있는, 개인적으로

선택할 수 있는 어떤 것으로 생각하지 않았다. 그들은 삶을 점차로 다시 질서 잡아, 모든 사물에 흐르는 깊고 신성한 명령에 복무할 수 있다고 보았다. 그 근본적 선함 속으로 들어가라. 그러면 그때 일어나는 어떤 일도 근본적 선함의 은혜롭고 훌륭한 패턴을 따라 형성될 것이다. 그것은 스토아철학이 현대의 스토아철학 추종자들에게 그렇게 보이는 것처럼, 개인의 성격 변화를 목표로 하는 재在프로그래밍에 대한 전념이 아니다. 그것은 삶에 관한 변화된 개념에 대한 믿음의 전념이다.[37]

같은 글에서 버논은 이어서 이렇게 이야기한다.

솔직히 (스토아철학에서) 신성의 토대를 열외로 취급하는 것은 완전한 부정직은 아니라 해도 다소 솔직하지 못한 행동이다. 그것은 스토아철학을 공기 없는 대기, 물 없는 바다로 만드는 꼴이다. 이런 환원주의는 스토아철학에 관한 오해를 두 배로 일으킨다. 왜냐하면 스토아주의자들은 삶에 대한 자신들의 합리적인 접근 방식을 자랑스럽게 여기기 때문이다. 또 물리학, 윤리학, 형이상학 등 스토아철학을 구성하는 여러 부분이 함께 맞물려 스토아철학을 형성하기 때문이다. 스토아주의자들은 그중 한 가지 요소라도 누락된다면 전체 모습이 일그러진다고 생각했다.[38]

---

37 In Ussher, 2016, 215.
38 In Ussher, 2016, 218.

　이렇게 보면 스토아철학의 장점은 그것이 유신론 철학이라는 사실에 있으며, 그렇기 때문에 스토아철학이 깊이 숙고한 형이상학적 관점을 우리가 제대로 알아보는 것은 쉽지 않다. 고대 스토아철학에서 신은 '선택 사항'이 아니었다. 현대의 모든 스토아철학도 그래서는 안 된다. 신에 대한 믿음은 스토아철학의 철학 전체에서 중심에 있었으며, 이 믿음은 스토아철학 추종자들로 하여금 로고스를 중심에 두고 그들의 삶을 완전히 새롭게 질서 짓도록 추동한 동력이었다. 더욱이 버논에게 있어 신에 대한 믿음과 스토아적 윤리 개념은 상호 연결되어 있다. 즉 덕으로 산다는 것은, 신에 의해 창조되었고 지금까지 유지되고 있는 우주 속 자신의 위치를 이해하는 데 달려 있다는 것이다. 그렇다면 신 없는 스토아철학을 만들려는 시도는 우리에게 '공기 없는 대기' 또는 '물 없는 바다'를 가져다주는 것이 아닌가? 바꿔 말해 신 없는 스토아철학은 과연 '스토아철학'이기나 한 것인가?

　그러나 르본에게 있어 이 질문은 논점을 빗나간 것이다. 그가 보기에 가장 중요한 핵심은 고대 그리스나 로마와 다르게 오늘날 우리는 많은 사람이 더는 신을 믿지 않는 사회에 살고 있다는 사실이다. 이 사실, 이 '바뀐 환경'을 고려할 때 우리는 스토아철학에 조언을 구할 수도 있는 수많은 무신론자와 불가지론자에게 스토아철학이 '통할 수 있는' 방법을 찾아야 하지 않을까? 르본은 버논의 글에 대한 답변에서 이렇게 말한다.

　앞의 글에서 마크 버논이 인용한 고대 스토아철학의 다음 글이

내세우는 주장을 그대로 받아들이는 21세기의 독자가 얼마나
될까?

"지구를 중심으로 돌아가는 우주 전체는 당신(제우스)이 이끄는
대로 운행할 것이며 당신이 안내하는 대로 기꺼이 따라갈 것이니."
우리 중 얼마나 많은 이가 우주가 지구를 중심으로 돌아간다고
믿을까? 얼마나 많은 이가 제우스가 우리의 운명을 관장한다고
믿을까?

나는 이것을 비롯한 고대 스토아주의자들이 내건 그 밖의 형이상학
적 주장을 그대로 받아들일 현대의 독자는 매우 소수라고 생각한
다. 그러므로 논리에 따라 우리에게는 선택권이 있다. 즉 우리는
스토아철학이 우리가 더 이상 믿기 어려운 주장에 근거하고 있다는
점을 근거로 스토아철학을 버릴 수도 있고, 아니면 현대를 사는
우리가 받아들일 만하며 우리에게 도움이 되는 스토아철학을 만들
수도 있고 또 만들어야 한다. '현대 스토아철학을 찬양하며'라는
이 글의 제목은 두 번째 선택을 암시한다.[39]

이것은 실용성의 문제이다. 고대 그리스인의 문화 규범은 다양한
형태의 신성을 믿는 것이었다. 하지만 그것은 오늘날 우리의 문화적
규범은 아니다. 오늘날 우리의 문화적 규범은 그보다 훨씬 다원적이며
많은 사람에게 그것은 무신론적인 성격을 띤다. 이 사실을 고려한다면
신을 믿는 사람만이 스토아철학을 활용할 수 있어야 할까?

---

[39] In Ussher, 2016, 221.

르본과 현대 스토아철학 프로젝트에 있어 삶에서 가장 중요한 것이 덕이라는 스토아철학의 주요 주장은 신에 대한 믿음과 상관없이 그 자체로 성립할 수 있다. 다시 말해 어떤 삶의 환경에 처해 있든, 삶에서 일어나는 일들에 현명하고 능숙하게 대처하는 방법이 존재한다는 생각은 고대 스토아철학에서조차 신에 대한 믿음을 반드시 필요로 하지 않는다. 덕이 있는 삶을 산다는 것에는 어떤 식으로든 신에 대한 믿음도 이미 포함되어 있다. 『스토아 주간 핸드북』은 덕의 중요성을 이렇게 설명한다.

스토아철학의 중심적인 주장은 덕이야말로 궁극적으로 가장 중요하다는 점이다. 덕은 진실로 선한 유일한 것이며, 우리에게 행복과 충족감을 가져오는 유일한 원천이다. 따라서 우리가 좋은 삶을 살고자 한다면 덕을 계발하는 것이 우리의 일 가운데 가장 우선되어야 한다. 스토아주의자들은 에우다이모니아(eudaimonia)라는 말로 최상의 삶을 사는 사람을 묘사했다. 이 말은 흔히 '행복'으로 번역되지만 행복한 느낌을 가리키는 것이 아니라 그보다 더욱 포괄적이고 완전한 무언가를 가리킨다. 어떤 이는 '번창'이나 '충족'이 더 적절한 번역어라고 본다. 에우다이모니아를 '불행한' 상태, 비참한 상태와 반대되는 고전적 의미의 '행복'을 뜻한다고 보아도 좋다.[40]

---

40 *Stoic Week 2017 Handbook*, p.10.

따라서 이것은 '개인의 성격 변화'에 관한 것만은 아니며 당신의 가장 깊은 가치를 변화시킴으로써 무엇보다 삶에서 일어나는 일에 맞서는 훌륭한 성품 상태를 갖추는 작업이다. 이에 현대 스토아철학 운동은 덕, 성격 변화, 가치와 자아 변혁에 명시적으로 초점을 맞춘 고대 스토아철학의 텍스트를 주로 다루는 경향을 보인다.

또 르본은 우리가 스토아철학의 가장 유용한 부분, 즉 스토아철학의 가장 쓸모 있는 '유효 성분'을 공부해야 한다고 주장한다. '스토아 주간' 행사 참가자를 상대한 연구에서 르본은 그 유효 성분이란 다음과 같은 것들이라고 결론 내린다. 즉 스토아적 마음챙김(나의 판단과 행동이 지닌 성질에 지속적으로 주의를 기울이는 것), 스토아적 생각 논쟁(불편한 생각은 내 마음의 일시적 상태를 나타내는 것일 뿐 그것이 곧 나의 마음을 대변하지 않음을 스스로 상기하는 것), 타인과의 친밀성(팔다리가 인간 신체의 일부이듯 자신을 인류의 일부로 여기는 것), 스토아적 미리 생각하기(미래에 닥칠 불운을 예상하며 그에 초연해지는 연습을 하는 것)가 그것이다.[41] 이 요소들은 모두 매우 실용적이며 그중 어느 것도 고대의 형이상학적 믿음을 받아들이도록 요구하지 않는다. (배철러의 표현을 빌리면) '고뇌의 존재론적 조건'에 대처하는 불교 형식을 찾는 데 환생에 대한 믿음이 필요하지 않듯이, 르본이 보기에 삶의 도전에 더 잘 맞서기 위해 스토아철학의 기법과 사상, 윤리를 활용하는 데 있어 모든 사물에 스민 신성의 원리라는 스토아적 개념을 받아들여야

---

[41] In Ussher, 2016, 222.

한다고 여기는 것도 불필요한 일이다. 그렇지만 스토아철학의 이런 '재창조'가 전통적 스토아철학의 면면을 충실히 따르려는 사람을 방해하는 것은 아니다. 르본은 이렇게 말한다. "당신은 종교적인 동시에(즉 종교 신앙을 갖는 동시에) 현대 스토아철학을 따를 수 있지만 반드시 그렇게 해야 하는 것은 아니다."[42] 이것은 스토아철학에 관한 '넓은 텐트(broad tent)' 개념이라고 할 수 있다.

결론: 두 가지 유사한 변용, 두 가지 유사한 철학

지금까지 본 것처럼, 불교와 스토아철학이라는 두 철학의 재형성은 그 각각이 현대의 서구문화와 만난 뒤 보이는 과정에서 놀랍도록 유사한 모습을 보인다. 즉 두 경우 모두에서 그것의 고대 철학의 특정한 측면이 오늘날 적합하지 않은 '경직된 낡은 생각'으로 간주되어 그런 측면들을 떨쳐냈다는 점이다. 가령 스토아철학의 신성 개념 그리고 불교의 환생(윤회) 개념은 이제 삶에 관한 핵심 열쇠가 아니라 개인의 선호에 따라 넣어도 좋고 빼도 좋은 것이 되었다. 대신에 두 철학에서 일상생활과 개인의 내면 변화에 가장 효과적으로 적용할 수 있는 측면을 더 강조하게 되었다.

그 결과, 삶의 방식으로서의 매우 실용적인 두 철학이 탄생했다. 물론 이 두 철학은 중요한 차이점을 지니고 있지만 여러 면에서

---

42 In Ussher, 2016, 225.

매우 유사한 점을 보이는 것도 사실이다. 실제로 고대 스토아철학과 고대 불교를 비교할 때 두 철학 사이의 공통점을 찾기란 쉽지 않다. 하지만 두 철학이 현대의 서구문화를 만난 뒤 보이는 모습은 서로 간에 더욱 큰 유사성을 보인다. 다음 세 개 장에 걸쳐 나는 독자들이 흥미를 갖고 독자들에게 도움이 되는 방식으로 이 두 철학의 유사점을 제시하는 데 초점을 맞추려고 한다.

스토아철학에 대해서는 원전 텍스트, 즉 세네카와 에픽테토스, 마르쿠스 아우렐리우스가 쓴 글을 주로 살필 것이다. 그리고 이 저자들의 글 가운데 특히 현대 스토아철학 운동과 공명하는 부분, 즉 신이 아니라 윤리와 도덕에 초점을 맞춘 부분에 대해 이야기할 것이다. 더욱이 이 세 사람의 저자는 앞서 말한 현대 스토아철학 운동에 큰 영향을 미친 사람으로 그들의 접근 방식은 『스토아 주간 핸드북』이나 현대 스토아철학에 관한 다음 책들에 직간접적으로 영향을 주었다. 도널드 로버트슨의 『스토아철학과 행복의 기술(Stoicism & The Art of Happiness)』, 마시모 피글리우치의 『그리고 나는 스토아주의자가 되었다(How to be a Stoic)』, 라이언 홀리데이의 『돌파력: 스토아철학에서 배우는 스스로 운명을 바꾸는 힘(The Obstacle Is the Way)』 등이 그것이다.

불교에 대해서는 서양불교에서 공통적으로 사용하는 붓다의 말을 인용하면서도 앞서 말한 틱낫한과 잭 콘필드, 스티븐 배철러 등 세 사람의 불교 스승의 글에서 골라 다룰 것이다. 알다시피 이들 모두 불교를 서구인에게 맞도록 지속적으로 응용하고 적용하는 사람들이다.

  구체적으로 말하면 1장 '유사한 정신'에서 나는 스토아철학과 불교라는 두 가지 철학 체계가 공유하는 심리적 토대가 무엇이고, 두 철학이 얼마만큼 공통된 정신으로 움직이는지 살펴볼 것이다. 두 철학 모두 간단히 말해 '삶은 힘들지만 그럼에도 우리가 번창하는 삶을 일구면서 살고 도덕적 향상을 이루는 방법이 있다'고 주장한다는 점에 대해 살필 것이다. 그리고 이것은 자신에 대한 앎을 키우고 자기 변화의 기회에 늘 열려 있는 태도에 달렸다고 주장한다는 점에 대해 생각해 볼 것이다.

  2장 '스토아철학의 마음챙김과 불교의 마음챙김'에서는 스토아철학과 불교가 각각 자기변화에 어떤 방식으로 접근하며 각각이 어떤 종류의 도덕적 발달을 목표로 하는지 살펴볼 것이다. 그리고 각 체계에서 사용하는 서로 다른 철학적 훈련과 명상 기법을 알아보고 그것이 서로 어떻게 영향을 주는지 살펴볼 것이다. 가령 스토아철학의 마음챙김과 불교의 마음챙김은 어떻게 다른가 하는 문제를 볼 것이다.

  3장 '연민의 마음 계발하기'에서는 불교와 스토아철학이라는 각각의 철학이 타인과 관련하여 자아의 위치를 어떻게 이해하는지 살펴볼 것이다. 그리고 타인에 대한 관심이 역설적이게도 자기 발전의 도구가 된다는 점에 대해 생각해 보고, 나아가 스토아철학과 불교라는 각각의 체계에서 타인에 대한 관심과 연민의 마음을 계발하는 기법과 도구, 통찰에 대해서도 이야기할 것이다. 3장에서 우리는 스토아철학과 서구불교의 핵심을 여러 가지 측면에서 탐구해 볼 것이다.

　마지막으로 현대세계에서 스토아철학과 불교의 지속적인 응용이 지닌 본질에 대해 성찰해 보는 것으로 이 에세이를 마무리하고자 한다. 그리고 내가 어떤 방식으로 이 두 가지 철학 체계가 서로 영감을 주는 아이디어와 도구, 통찰을 갖고 있다고 믿는지 생각해 볼 것이다.

1장 유사한 정신

조건 지어진 모든 것은 부서지나니 유의하여 그 길을 걸으라.[1]

-붓다

천 년을 살 것처럼 행동하지 말라. ··· 생명이 남아 있는 한, 당신이
할 수 있는 최대한에서 자신을 선에 바치라.[2]

-마르쿠스 아우렐리우스

스토아철학과 불교는 둘 다 치료를 위한 철학이다. 에픽테토스의
'아픈 영혼을 위한 치유소'라는 표현은 불교에서 붓다가 불교 자체를
'의료적 진단과 예후, 치료'로 인식하며[3] 자신을 '의사'로 간주하는

---

1 Digha Nikaya (Collection of Long Discourses), 16. ii 156.

2 Meditations, 4.17.

3 Batchelor (1997), 6.

것과[4] 매우 유사하다.

(스토아철학과 불교를 공부하는) 학생들은 일상생활에서, 자신의 실존적 상태에서, 그리고 인간관계에서 발생하는 문제를 '치료받기' 위해 선생님을 찾는다.

이때 선생님이 전하는 조언은 반드시 이해하기 쉬운 말이 아니며 실천하기는 더더욱 쉽지 않은 경우가 있다. 위 두 인용구에서 보듯이 스토아철학과 불교의 두 '치료법' 어디에도 적당히 둘러대는 흔해빠진 조언은 없다. 배철러는 불교가 우리를 (일련의 믿음으로) 위안을 삼는 것이 아니라 (존재의 현실에) 직면하게 한다고 본다.[5] 다시 말해 불교는 괴로움, 질병, 죽음이라는 엄연한 현실과 정면으로 맞닥뜨린 채로 그러한 현실 속에서 '잘 살아가는' 방법을 찾고자 한다. 불교는 예컨대 이러한 어려움이 존재하지 '않는' 내생에 대한 희망을 전하지 않는다. 이와 관련해 배철러는 많은 사람이 새기는 불교의 성찰구를 인용한다. "죽는 시간은 불확실하지만 죽는다는 사실만은 틀림이 없다. 그렇다 면 이제 나는 무엇을 해야 하는가?"[6] 마찬가지로 스토아철학도 스토아 철학 수련자가 현실을 거부하는 것이 아니라 현실을 제대로 다루면서 변화시킬 수 있도록 '지금 이대로의 상태'에서 시작하는 것이 필수라고 본다. 마르쿠스 아우렐리우스는 이렇게 적었다. "삶에서 반드시 일어 나게 되어 있는 일에 놀라는 자는 얼마나 터무니없는 자인가. 그는

---

4 Thich Nhat Hanh (1998), 44.

5 1997, 18.

6 1997, 29.

얼마나 세상에 무지한 자인가."[7] 우리는 삶이 본래부터 '쉬운' 여행이
아님을 인식해야 한다. 그러나 우리는 이런 본래적 어려움에도 불구하
고 좋은 삶, 번창하는 삶의 방법을 찾을 필요가 있다는 점도 인식해야
한다.

우리는 삶을 그 전체로서 이해해야 한다. 삶의 '모든 것'이 무엇에
관한 것인지 이해할 필요가 있다. 이 점과 관련하여 배철러는 붓다가
말한 코끼리의 우화를 인용한다.[8] 코끼리의 우화에서는 다르마(법法:
진실, 실재를 의미한다)를 이해하려는 일반적인 노력을 세 사람의 장님
이 자신이 가진 감관만으로 코끼리를 묘사하려는 노력과 비교한다.
한 장님은 코끼리의 귀만 만지고, 다른 장님은 코끼리의 상아만,
또 한 장님은 코끼리의 코만 만지는 식이다. 이 우화의 중심부는
이렇게 전개된다.

왕이 세 사람의 장님에게 다가가 말했다. "장님들이여, 나에게
말해 주오. 코끼리는 어떻게 생겼소?"
장님들은 코끼리의 머리를 만져보고는 각자 이렇게 대답했다.
"코끼리는 물주전자처럼 생겼습니다." … "코끼리는 쭉정이를 가려
내는 키처럼 생겼어요." "아닙니다. 코끼리는 쟁기날처럼 생겼습
니다."

---

7 *Meditations*, 12.13. Cf. 10.28.
8 *Udana (Inspired Utterances)*, 6.4.

장님들은 코끼리가 이렇게 생겼다, 저렇게 생겼다 하며 서로 주먹다짐으로 싸웠다! 왕은 (이 희한한 광경이) 재미있었다.

이 우화가 전하는 핵심 중 하나는 현실(실재)은 이론으로 '쪼개어' 분석할 수 없다는 사실이다. 이론으로 쪼갠 실재는 우리가 삶에 참여하는 것을 제한한다. 그러한 접근 방식은 삶에 관한 어떤 철학적 '관점'이 더 우월하고 열등한가에 관한 논쟁을 부른다. 이런 식으로 접근하면 일종의 철학적 '맹시'에 빠지기 쉽다. 이 예에서 붓다가 전하려 했던 메시지는 사물을 '있는 그대로 그것의 전체로서' 보지 못하게 방해하는 우리의 도그마적(독단적) 성향을 내려놓으라는 것이다. 이와 비슷하게 마르쿠스 아우렐리우스 역시 전혀 다른 문화적 맥락이긴 하지만 삶을 '부분으로 쪼개는' 모든 경향성에 매우 유의했다. 그는 이렇게 적었다. "건강한 눈이라면 볼 수 있는 모든 것을 보아야 한다. '나는 초록만 볼 테야'라고 말하지 않아야 한다. 초록만 본다는 것은 눈이 병들었다는 증거다. … 마찬가지로, 건강한 정신은 우리에게 일어나는 모든 일에 준비하고 있어야 한다."[9] 불교와 스토아철학 모두 삶의 현실과 그것이 우리에게 가져오는 것들로부터 우리가 도망갈 수 없다는 사실을 솔직하게 인정한다. 삶의 방식으로서의 철학은 삶의 '어떤' 측면도 무시하지 않는다. 우리는 우리 앞에 놓인 현실을 받아들여야 하며, 그러면서도 현실에 응대하는 최선의 방법을 찾고자 노력해

---

9 *Meditations*, 10.35.

야 한다.

말했듯이 삶의 현실은 녹록치 않다. 붓다의 첫 번째 고귀한 진리에 따르면 그것은 정말로 둑카(dukkha)이다.[10] '둑카'는 전통적으로 '고통 (괴로움)'으로 번역되어 온 단어이다(이 번역어는 서양불교에서 도전을 받으며 번역어로서 자격을 얻었다. 앞서 보았듯이 스티븐 배철러의 경우 '고통' 대신 '고뇌'라는 단어를 사용했다). 그러나 빠알리어에서 '둑카'라는 단어 는 문자 그대로의 의미로 '안 좋은 바퀴'라는 뜻이다('Du'는 '나쁘다', Kha는 '바퀴'를 뜻한다). 따라서 불교는 우리의 삶이 앞으로 나아가지 못하고 꽉 막혀 있는 느낌을 종식시키는 데 관심을 갖는다고 할 수 있다. 불교 수행자는 마음챙김 수행과 명상, 도덕 계율을 통해 둑카가 자신에게 미치는 영향을 줄이고자 한다. 마찬가지로 스토아철 학은 우리가 덕의 길을 걸음으로써 결과적으로 '둑카'를 종식시킬 수 있다고 본다. '덕이 해야 하는 일은 무엇인가?'라는 질문에 에픽테토 스는 그리스어로 에우로이아(Eurhoia)라고 답했다.[11] 이 단어의 문자 적 의미는 '원활하게 흐르는 상태'라는 뜻이다. 이것은 본질적으로 '막히지' 않은 삶을 말하고 있다. 흥미롭게도 고대 불교의 저작에서 '둑카'의 반대말인 '수카(Sukha)'는 문자 그대로의 의미로 '좋은 바퀴'를 뜻하는데, 이것은 막힘이 없이 앞으로 순조롭게 흘러가는 삶을 뜻한 다. 이런 의미에서 '에우로이아'의 삶과 '수카'의 삶은 서로 비슷한

---

10 *Digha Nikaya (Collection of the Long Discourses)* II 305, from *Pali Buddhist Texts*, 23.

11 *Discourses*, 1.4.6.

것을 추구한다고 말할 수 있다. 마치 고장 난 바퀴가 진흙에 빠져 움직이지 않는 것처럼 우리가 살면서 '꽉 막혔거나' '덫에 걸렸다'고 느끼는 원인은 종종 삶을 대하는 우리의 방식에 있다. 그러나 스토아철학과 불교는 우리가 처한 외부 상황에 맞추어 현명하게 방향을 잡으며 우리의 삶이 막힘없는 활동의 지속적인 흐름이 되어 앞으로 나아가는 방법을 제안하고 있다. 두 철학 모두 삶이 힘겨운 것이긴 해도 이것이 가능하다고 말한다.

그런데 이것은 이상적인 이야기다. 우리는 누구나 그러한 현명한 행동을 할 수 있지만 우리는 또한 자연스럽게 불리한 입장에 처해 있기도 하다. 즉 스토아철학과 불교의 두 체계 모두 우리의 삶이 힘겨운 것이라는 데 동의할 뿐 아니라 인간이 지금 있는 대로가 아닌 다른 삶을 '갈망함으로써' 스스로 삶을 '더' 힘들게 만들고 있다는 데도 생각을 같이 한다는 것이다. 불교의 사성제 중 두 번째 고귀한 진리에서는 둑카(괴로움)의 원인이 '자기중심적인 갈애'라고 본다.[12] 마찬가지로 스토아철학에서 삶이 지금과 다르게 되기를 갈망하는 것이 감정적 동요의 원인이라고 본다. 이 점에서 에픽테토스는 이렇게 말했다. "괴로움의 원인은 이것이다. 즉 어떤 것을 갈망하는 것, 그리고 갈망하는 그 일이 일어나지 않는 것이다."[13] 에픽테토스는 이러한 갈망으로부터 일어나는 무익한 마음상태를 삶에서 완전히 제거해야 한다고 말한다. 그의 말에 따르면 철학자의 임무는 다음과

---

12 Batchelor (1997), 8.
13 *Discourses*, 1.27.10.

같다.

> 철학자의 임무는 … 자신의 삶에서 슬픔과 비탄, '오 불쌍한 나!'
> '오, 나는 얼마나 비참한가'라는 외침, 불운과 실패를 없애고자
> 노력하는 것이다.[14]

붓다와 마찬가지로 에픽테토스에게 있어서도 철학자가 걸어야
할 길은, 세상이 '나의' 바람과 일치해야 한다는 끝없는 자기 집착의
결과물인 이런 종류의 갈애를 없애는 것이다. 우리는 세상이 '나의'
바람과 일치해야 한다고 집착하기보다 세상이 우리에게 무엇을 가져
다주는지 똑똑히 본 뒤에 그러한 현실 안에서 잘 살 수 있는 방법을
모색해야 한다.

스토아철학과 불교 모두 잘 사는 법, 능숙하게 사는 법을 배우는
것을 가장 중요시한다. 그리고 그러기 위해서는 마음 훈련과 규율,
진지한 도덕 수련이 필요하다. 스토아철학에서 이 과정은 점진적으로
진행되며 덕을 계발하는 것과 밀접히 관련된다. 여기서 스토아철학자
들이 말하는 '덕'이란 오늘날 우리가 생각하는 덕, 즉 (종교적 맥락에서)
도덕 계율을 지키는 것과 다르다는 사실을 짚을 필요가 있다. 여기서
중요한 고대 그리스어가 아레테(arete)이다. 이 단어는 삶의 기술에서
발휘하는 일종의 '기량' 또는 '탁월함'을 의미한다. 스토아철학에서

---

14 *Discourses*, 1.4.23.

말하는 '덕'이란 삶에 맞닥뜨려 지혜로운 선택을 내리는 것, 그리고 자신의 정신과 성품을 탁월한 상태로 유지하는 것이다. 쉬운 일은 아니라 해도 이런 종류의 '덕'을 실제로 삶에 적용하는 것이야말로 삶이 '잘 흘러가게' 하는 무엇이다. 마찬가지로 서양불교에서 '도덕계율'을 따른다는 것은 도덕적, 종교적 규칙을 엄격하게 지키는 것을 의미하지 않는다. 서구불교는 '절대적 옳음 또는 절대적 그름'의 개념을 명확히 거부하는 대신, 특히 마음챙김의 수련을 통해 자신을 있는 그대로 받아들이는 자기 수용(self-acceptance)에 초점을 맞추며 자신의 마음 상태를 가장 능숙한 방식으로 다루는 데 전념하도록 독려한다. 여기서 '능숙함(skillfulness)'이란 서양불교 모임에서 흔히 사용하는 용어로, 자신의 생각과 느낌을 지혜롭게 사용하면서 어떤 상황에서도 가장 현명한 행동 방향을 취하는 능력을 가리킨다.

두 철학 모두에서 이 길에 향상을 이루는 것은 오르내림을 반복한다. 하지만 그 향상은 궁극적으로는 오직 '지금 이 순간'에만 일어날 수 있다. 지금이 아닌 언제 우리가 향상을 이룰 수 있겠는가? 서구불교에서 깨어남(awakening)은 전통적으로 '장기 프로젝트'로 간주되어 왔지만[15] 그것은 특정 순간에 우리 일상의 삶에 스며 있는 존재 상태이다. 이 점에서 배철러는 이렇게 적었다. "깨어남은 정말로 우리의 가까이에 있지만 깨어남을 실현하는 데는 커다란 노력이 필요하다. 깨어남은 정말로 우리의 멀리에 있지만 깨어남은 우리가 언제라도 사용할

---

15 McMahan (2008), 40.

수 있는 것이기도 하다."[16] 마찬가지로 스토아철학에서 덕 있는 삶
역시 멀리 있기도 하고 가까이 있기도 하다. 덕 있는 삶은 당신이
현재 상황에 대처하는 새롭고 능숙한 방법을 알아보고 그에 따라
행동한다면 쉽게 나타난다. 한편, 당신이 어딘가에 '막혀 있고' 삶이
더 이상 '잘 흘러가지' 않을 때 덕 있는 삶은 또 그만큼 쉽게 사라져버린
다. 이런 식으로 깨어남과 덕을 실현하는 순간은 그것이 존재하지
않는 순간들 사이사이에 나타난다.

삶은 당신이 생각하는 대로의 것

우리가 삶에서 그리고 '잘 사는 기술'에서 도덕적 향상을 이루려면
우선 자기 내면으로 주의를 향해야 한다. 외면적 삶은 우리의 내면적
삶을 반영한 것일 뿐이다. 우리는 우리의 마음이 어떻게 작동하는지,
어떻게 우리의 마음을 능숙한(지혜로운) 방향을 향해 의도적으로 계발
할 수 있는지 알아야 한다. 우선 마르쿠스 아우렐리우스의 말과,
붓다가 말했다고 전해지는 현존하는 가장 초기의 모음집인 『법구
경』에서 자주 인용하는 첫 줄을 보자. 그것은 다음과 같다.

　당신의 마음의 특성은 당신이 자주 하는 생각의 특성을 닮는다.
　영혼은 생각에서 자신의 염료를 얻기 때문이다.[17]

---

16 1997, 13.
17 *Meditations*, 5.16.

58

우리의 모든 것은 우리가 생각한 것의 결과이다. 우리는 우리의
생각에 기초를 두고 있으며, 우리의 생각으로 이루어져 있다.[18]

이로부터 우리는 스토아철학과 불교가 생각을 같이하는, 우리의
마음에 관한 두 가지 핵심을 알 수 있다. 첫째, 우리의 관심사는
자신의 마음에 있어야 한다는 점이다. 왜냐하면 우리가 세상을 보는
방식을 결정하는 것은 우리의 마음이기 때문이다. 우리의 지각, 생각,
행동 등 모든 것은 우리 내면에서 비롯한다. 둘째, 우리는 마음을
변화 가능한 것으로 다룰 수 있다. 마음은 우리가 의도적으로 내리는
선택과 결정에 반응하며, 우리는 지금보다 현명한 방향으로 의도적으
로 마음을 '계발할' 수 있다.

   첫 번째 핵심 측면은 '모든 것은 마음이다'라는 말로 요약할 수
있다. 이것은 일종의 유아론唯我論이 아니라 다음과 같은 기본적인
사실을 인정하는 것이다. 스토아철학 연구자인 앤서니 롱(Anthony
Long)은 이것을 이렇게 표현했다. "… 우리는 자신의 평가를 매개로
하지 않고는 세상을 경험할 수 없다."[19] 이것은 스토아철학 사상에서
자주 등장하는 주제로 마르쿠스 아우렐리우스의 말을 간단히 살펴보
면 이 점이 드러난다. 그의 가장 유명한 격언인 "세계는 변화이고,
인생은 의견이다."는 이를 보여주는 한 가지 사례이다.[20] 마르쿠스의

---

18 *Dhammapada*, 1.
19 2002, 28.
20 *Meditations*, 3.4.4.

이 말은 우주는 끊임없는 변화를 의미하는 비영속의 원칙에 따라 움직이지만, 각 개인의 삶은 그가 생각하는 대로 되며 우리의 삶의 질은 우리가 지닌 가치와 개념에 달려 있다는 뜻이다. 마르쿠스가 자신에게 다음 질문을 던지는 예를 보자. "당신의 통치 센터(ruling centre)는 지금 어떻게 자신을 사용하고 있나? 왜냐하면 모든 것이 그 통치 센터에 달려 있으므로."[21] 〔여기서 '통치 센터'는 그리스어로 헤게모니콘(hegemonikon)이라고 하는데, 자신의 감정과 생각에서 조금 떨어져 그것을 바라보며 의도적으로 지금까지와 다른 방향으로 마음을 전환시키는 마음의 일부를 가리킬 때 스토아철학자들이 사용하는 용어다 (현대과학은 이것을 집행 기능(Executive Function)이라고 부른다).〕 이 예들로부터 우리는 사물에서 한발 물러나 그에 관해 다시 생각하는 능력, 사물에 관한 우리의 관념(conception)을 변화시키는 능력이야말로 좋은 삶을 사는 데 절대적으로 중요함을 알 수 있다. 왜냐하면 마르쿠스가 다른 곳에 적었듯이 '모든 것은 생각이기(hoti panta hupo-lepsis)' 때문이다. 세상은 우리가 보는 대로 우리에게 나타난다.

이것은 우리가 불교에서 흔히 보는 생각으로, 스티븐 배철러에게서 그 유용한 사례를 찾을 수 있다. 배철러는 어떻게 다르마(법)를 수행해야 하는지 모르는 노인에 관한 티베트 이야기를 인용한다. 노인은 경전을 읽고 명상을 하는 등 모든 방법을 다 써보았지만 수행에서 실질적인 향상을 이루지 못했다. 낙담한 노인은 스승인 드롬(Drom)에

---

21 *Meditations*, 12.33.

게 다가가 이렇게 물었다.

노인은 더 이상 할 것이 남지 않자 이렇게 물었다.
"스승님, 제가 어떻게 다르마를 수행해야 합니까?"
드롬이 답했다. "수행할 때는 다르마와 당신의 마음을 구분 짓지
않아야 합니다."[22]

다시 말해 자신의 마음에서 일어나는 일이 무엇보다 중요하다.
경전을 읽고 '명상을 수행'한다 해도 그것을 삶 자체와 '동떨어진'
훈련으로 간주한다면 자신의 마음에 주의를 기울이는 것만큼 가르침
을 얻지 못한다. 그러나 당신이 하는 모든 활동에서 이 사실을 인식한
다면 마음에 대해 배우고 마음을 계발하는 기회가 되며, 그럴 때
우리는 참된 향상을 이룰 수 있다.

두 철학 모두에서 사용되는 '여행의 비유'도 같은 주장을 하고 있다.
세네카는 우리 자신으로부터 달아나기 위한 목적의 여행이 가진
위험성에 대한 소크라테스의 조언을 떠올린다('당신은 자신을 데리고
다니는 외국 여행이 당신에게 아무 이익도 주지 못한다는 점을 왜 의심하지
않는가? 당신으로 하여금 집을 떠나게 한 바로 그것이 여전히 당신에게 달라붙
어 있는데 말이다.').[23] 마찬가지로 틱낫한은 이렇게 말한다. "자신으로

---

22 *Miscellaneous Advice of the Kadampa Masters* [from. Batchelor, 1997, 55]. 이탤릭은 저자 표기.

23 Seneca, *Letters*, 28.1.

부터 달아나기 위해 자동차로 드라이브를 한다 해도 결국 우리가
가는 곳 어디에나 자신을 데리고 다니게 된다."[24] 철학에서 우리가
이루는 향상은 우리의 삶과, 그리고 매 순간 우리가 하는 행동과
별개일 수 없다. 따라서 틱낫한의 선불교를 믿는 이들이 맹세하듯
'진리는 삶 속에서 발견되며, 우리는 매 순간 우리 내면과 우리 주변의
삶을 관찰하며 삶 속에서 기꺼이 배움을 얻어야' 한다.[25] 마찬가지로
에픽테토스는 제자들에게 이렇게 상기시킨다. "결코 (철학) 공부는
한 곳에서, 그리고 철학적 향상은 그와 다른 곳에서 이루려고 하지
말라."[26] 우리의 잘 사는 능력을 향상시키는 작업은 삶과 동떨어진
채로 행하는 무엇이 아니다. 그것은 일상의 중요한 세부사항들 속에서
일어난다. 마르쿠스 아우렐리우스는 이렇게 적었다. "여기 있는 모든
것은 저 언덕 위나 바닷가 또는 당신이 택하는 모든 곳에서와 같아야
한다."[27]

　우리에게는 다른 선택이 없다. 오직 여기, 지금뿐이다. 지금, 여기
가 끝없이 계속될 뿐이다. 삶의 철학적 '훈련장'은 바로 지금 여기다.
철학적 훈련은 추상적인 것이 아니라 현실 속에서 발견되어야 한다.
당신이 어디를 가든 그곳에 당신이 있다.

---

24 2005a, 70.

25 *Second Mindfulness Training* 〔from Thich Nhat Hanh (2005), 92〕.

26 *Discourses*, 1.4.17.

27 Marcus Aurelius, *Meditations*, 10.23.

마음 정원 가꾸기: 스토아철학과 불교에서 보는 자아의 변화 가능성

이러한 이해를 바탕에 둘 때 두 철학 모두에서 우리가 세상을 더 지혜롭게 바라보아야 하는 책임, 그리고 도덕적 삶을 사는 데 도움 되는 방식으로 세상을 보아야 하는 책임이 생긴다. 도덕적인 삶을 위한 지혜로운 인생관이 가능하다는 생각은 앞서 말한, 스토아철학과 불교가 합의하는 우리 마음의 두 번째 핵심 측면, 즉 자아의 변화 가능성에 따른 자연스런 결과이다. 조금 멋지게 표현하자면, 스토아 철학과 불교 모두 자아의 변화 과정을 아름다운 정원을 가꾸는 일에 비유한다. 우리는 자신의 마음을 아름다운 방향으로 가꾸려는 선택을 내릴 수 있다. 즉 기쁨, 지혜, 이해의 씨앗을 뿌려 그것의 열매를 맺는 것이다.

이런 식으로 틱낫한은 의식적인 인식[그는 이것을 '마음 의식(mind consciousness)'이라고 부른다]이 하는 일이 무의식['저장 의식(store consciousness, 저장식)']에 있는 긍정적인 씨앗에 물을 주어 바람직한 마음 상태를 계속해서 일으키는 것이라고 본다. 틱낫한은 이렇게 적었다. "저장식은 종종 흙으로 묘사한다. 즉 꽃 피우고 열매 맺는 씨앗을 뿌리는 장소인 정원이 저장식이라면, 마음 의식은 씨앗을 뿌리고 물을 주며 흙을 갈아주는 정원사라고 할 수 있다."[28] 본질적으로 여기서 말하는 것은 시간의 흐름과 함께 우리의 의식적인 마음이

---

28 2006b, 136.

더 아름답고 능숙한 마음 상태를 계발해 우리의 무의식을 긍정적으로
변화시킬 수 있다는 사실이다. 마찬가지로 에픽테토스는 제자의 내면
발달을 무화과가 익어가는 것에 비유한다. "우선 무화과가 꽃을 피우
게 한 다음 열매를 맺고 익어가게 하라."[29] 우리는 우리가 가지고
있는 바람직하지 못한 생각과 감정을 변화시키고자 지속적으로 노력
함으로써 바람직한 마음을 계발한다. 이때 우리의 의식이 이 일을
한다. 여기서 의식이란, 뒤로 물러서 자신의 감정에 대해 성찰하고,
자기 마음을 자신이 의도적으로 택한 방향으로 인도하면서 주의를
이동시키는 우리 내면의 일부를 말한다. 그리고 매번 이렇게 할 때마다
우리는 자기 생각과 감정의 무의식적인 원천을 변화시키고 있는
것이다.

　이것은 그저 '좋은 생각'에 그치지 않는다. 스토아철학과 불교의
두 철학 모두 우리가 자신의 마음을 더 나은 방향으로 끊임없이
독려하는 과정에 관여해야 하는 '의무'를 지녔다고 본다. 우리는 능숙
하지 못한 생각, 그리고 잠재적으로 해로운 생각이 우리의 마음에
그대로 남아 있지 않도록 노력해야 한다. 대신에 그와 반대되는 생각을
계발하는 데 초점을 맞춰야 한다. 틱낫한은 이 과정을 '네 가지 바른
노력'으로 설명한다. 그것은 다음과 같다.

　(1) 아직 일어나지 않은, 우리의 저장식에 있는 바람직하지 못한

---

[29] *Discourses*, 1.15.7.

64

씨앗이 일어나지 않도록 할 것. (2) 이미 일어난 바람직하지 못한 씨앗이 우리의 저장식으로 다시 돌아가게 할 것. (3) 아직 일어나지 않은, 저장식에 있는 바람직한 씨앗에 물을 주는 방법을 찾을 것. (4) 이미 일어난 바람직한 씨앗이 우리의 마음 의식에 계속 존재하며 더 튼튼해지도록 양분을 줄 것.[30]

우리는 『담화록』(2.18)에서 에픽테토스가 이와 정확히 같은 방법을 제안하고 있음을 볼 수 있다. 『담화록』에서 뽑은 아래 구절은 위에 말한 '네 가지 바른 노력'과 동일한 틀에서 이 점을 보여준다.

(1) 부정적인 정념에서 벗어나고자 한다면 습관에 자꾸 먹이를 주지 마라. 부정적 정념을 키우는 어떤 것도 습관에 주지 마라.[31] (2) 아름답고 고귀한 인상(impression)을 가져와 부정적 정념에 맞서게 하고, 때 묻은 더러운 정념은 버려라.[32] (3) 그러므로 일반적으로, 당신이 무언가를 하고자 한다면 그것을 습관으로 만들어라.[33] (4) 이 연습을 습관으로 삼는다면 매우 튼튼한 어깨, 매우 강인한 근육을 갖게 될 것이며 커다란 활력을 얻을 것이다.[34]

---

30 1998, 100.
31 *Discourses*, 2.18.12.
32 *Discourses*, 2.18.24-25.
33 *Discourses*, 2.18.4.
34 *Discourses*, 2.16.26.

이런 식으로 두 철학 모두, 바람직하지 못하다고 여기는 마음 습관을 줄이고, 바람직하지 못한 습관이 이미 일어났다면 그것을 바꾸며, 아직 일어나지 않은 새롭고 바람직한 습관이 뿌리 내리게 하는 법을 제창한다. 이런 식으로 오늘 우리가 이해하고 있듯이, 우리의 의식과 무의식 사이에 끊임없는 상호작용이 일어나고 있다. 우리는 의식적인 마음을 사용해 무의식에서 일어나는 감정과 충동을 변화시킨다. 한편, 이렇게 변화하면 애당초 무의식에서 일어나는 생각과 느낌도 달라진다. 궁극적으로 무의식이 변하면 우리는 새로운 습관을 형성할 수 있다. 에픽테토스가 비유적으로 말했듯이 우리는 '튼튼한 어깨'를 갖게 된다.

그러나 이런 향상은 빠르고 쉽게 일어나지 않는다. 에픽테토스는 이 과정을 이렇게 말한다. "당신이 가진 신념을 전부 살피는 데는, 당신도 알듯이, 채 하루도 걸리지 않는다(그러나 실제적인 도덕적 향상은 오래 걸린다)."[35] 불교에서도 붓다는 이렇게 말한다. "궁극의 깨달음에 대한 갑작스러운 통찰이란 존재하지 않는다. 거대한 바다에 갑자기 떨어지는 낭떠러지가 없이 점차로 경사지고 기울어지듯이, 다르마와 수행에서도 점진적인 훈련, 점진적인 과정, 점진적인 향상이 존재할 뿐이다."[36] 모든 것이 배움의 과정이며, 실제로 이것은 끝이 없는 과정이다. 지금 펼쳐지고 있는 삶과 어떻게 관계 맺느냐 하는 것이야말로 마음을 계발하는 과정이다. 그리고 이 계발의 과정은 다시, 삶이

---

35 *Discourses*, 1.11.39-40.

36 *Udana (Inspired Utterances)*, 5.5 [from Batchelof, *Can. Cit.*, 7].

펼쳐지는 동안 평생토록 우리의 마음을 튼튼하게 한다. 삶은 우리가 죽는 날까지 도덕적인 발달을 계속해야 하는 프로젝트이다.

본질적 선함: 인간을 바라보는 긍정적인 관점

그런데 인간이란 존재를 이러한 향상이 가능한 존재로 간주할 수 있을까? 이 점에서 우리는 스토아철학과 불교의 두 철학 사이에 핵심적인 유사점과 만난다. 각각의 접근 방식이 인간을 본질적으로 선한 존재로, 또는 적어도 선함의 능력을 갖춘 존재로 간주한다는 점에서 그렇다. 불교에서는 '본래적 선함(original goodness)'[37] 또는 '모든 인간이 지닌 내면의 고귀함과 아름다움'이라는[38] 개념을 '불성(Buddha Nature)'이라고 부른다. 틱낫한은 이를 이렇게 표현한다. "깨달음의 씨앗은 우리 의식 안에 이미 존재하고 있다. 이것이 우리의 불성이다. 즉 우리 모두가 갖고 있지만 가꾸고 키워야 하는, 깨달은 마음의 본래적 성질 말이다."[39] 이와 동일한 생각, 즉 선함이라는 우리 내면의 핵심을 가꾸는 생각을 스토아철학에서도 발견할 수 있다. 특히 마르쿠스 아우렐리우스의 말이 그렇다. "당신 내면을 파고들어라. 왜냐하면 당신 안에 선의 샘이 놓여 있으니까. 당신이 늘 파기만 한다면 그 샘은 언제라도 솟구칠 것이다."[40] 에픽테토스에게

---

37 Jack Kornfield (2008), 12.
38 Jack Kornfield (2008), 12.
39 2006b, 26.

있어 이 주제는 자기 정체성에 대한 다음과 같은 온전한 이해를 뒷받침한다. 인간은 태어날 때부터 관대함과 용기, 힘을 가지고 태어나며,[41] 삶에서 일어나는 사건에 맞닥뜨려 결코 '멈추지' 않는 타고난 능력을 지니고 있다.[42] 두 철학 모두 그 목적은 많은 부분, 인간의 이러한 타고난 선함을 조금씩 발견해 가는 것이다. 인간을 바라보는 이런 긍정적인 관념은 우리들 각자가 어떤 짐을 지고 있든, 우리가 입은 상처가 무엇이든, 또 우리가 품은 해로운 수치심이 얼마나 크든, 우리 안에 존재하며 우리가 계발해야 하는 '선함의 샘물'을 발견할 잠재력을 지녔음을 의미한다.

인간이 이런 본질적 선함을 천성적으로 지니고 있다는 생각은 비현실적으로 들릴지 모른다. 스토아철학자들은 인간이 얼마나 악할 수 있는지 몰랐던 것일까? 인간이 서로에게, 다른 동물에게, 또 이 지구에 얼마나 잔인한 행동을 저지를 수 있는지 몰랐을까? 물론 그들은 그것을 알고 있었다. 그런데 불순한 의도로 행동하는 사람이 지금도 존재한다는 사실은 상처 입은 사회에서 입은 그들 자신의 상처와 잘못된 가치에 원인이 있을 수 있다. 실제로 스토아철학과 불교 두 철학 모두 대부분의 사람이 자신과 타인에게 고통을 주는 행동을 '의도적으로' 하지 않는다는 점에 동의한다. 오히려 그런 행동은 삶에서 무엇이 정말로 중요한지에 관한 깊은 무지에서 나온다고

---

40 *Meditations*, 7.59.

41 *Discourses*, 1.6.28-29.

42 *Discourses*, 1.25.3.

본다. 틱낫한 스님은 이렇게 말한다. "우리는 고통을 원치 않는다. 하지만 우리가 지닌 뿌리 깊은 습관의 에너지가 우리를 고통의 불길로 이끈다." 마찬가지로 에픽테토스는 다음처럼 플라톤의 말을 떠올린다. "모든 사람은 자신의 본의와 다르게 진실을 빼앗긴다."[43] 개인적 차원에서 나는 에픽테토스와 틱낫한의 말에 동의한다. 나는 사이코패스, 소시오패스, 악의적인 나르시시스트를 제외하고 에픽테토스와 틱낫한의 말이 대부분 진실이라고 믿는다. 핵심은, 무엇이 우리를 '정말로' 행복으로 이끄는가에 관하여 대부분의 사람이 제대로 이해하지 못하고 있다는 점이다. 또 어릴 적 입은 트라우마와 학대, 우리 주변을 감싸고 있는 자기애적 경쟁성 등 온갖 이유로 가려진 우리의 타고난 선함을 드러내기 위해 행복의 본질을 공부해야 한다는 것이다. 그 타고난 선함은 우리가 그것을 계발하기를 조용히 기다리며 여전히 그곳에 존재하고 있다.

비독단적이고 반권위적인 철학

서문에서 나는 서양에서 수련하는 불교를, 중국 당대唐代 운문 선사의 말을 빌리면 '자신이 처한 어떤 상황에도 적절히 응대하는 것'으로 볼 수 있다고 말했다. 그런데 이러한 정당화에 담긴 반권위적 정신은 스토아철학에서도 발견할 수 있다. 스토아철학이 지닌 '언뜻' 독단적

---

43 *Discourses*, 1.28.4. 이 말은 원래 다음에서 발견된다: Plato, *Sophists*, 228c.

으로 보이는 성격(예컨대 우리 모두에게 적용되는 객관적이고 보편적인
삶의 방식, 즉 '자연과 일치하는 삶'이 존재한다는 주장)의 이면을 들여다보
면 스토아철학을 개인적으로 적용할 것을 장려하는 체계를 발견할
수 있다. 에픽테토스는 어느 가르침에서 다음처럼 요구하는 학생과
맞닥뜨린다. '그러니까 내가 어떻게 해야 하는지 그냥 말하세요!'
이 요청에 대한 에픽테토스의 대답은 마사 누스바움(Martha Nussbaum)
이라는 학자가 '스토아철학의 반권위적 특성'이라고 이름 붙인 것의
핵심에 가 닿는다.[44] 에픽테토스가 분명히 말하듯이 어떤 공부든
교사가 아니라 학생 스스로 해야 한다.

> … 네가 지닌 예견을 가져오라. 네가 철학자들에게 배운 것을
> 가져오라. 네가 자주 들었던 것, 네가 너 자신에게 말한 것을
> 가져오라. 너 스스로 읽은 것을 가져오고, 너 스스로 닦은 것을
> 가져오라.[45]

우리는 철학을 '살기' 위해 철학을 읽는다. 에픽테토스는 제자들에
게 철학책을 읽는 것이 중요하지 않다고 상기시킨다. 그는 비유를
들어, 강한 어깨를 보여주면 되지 어깨를 튼튼하게 만드는 데 사용한
역기를 보여줄 필요는 없다고 말한다.[46] 예전에 살았던 스토아철학

---

[44] 1996, 344-348.
[45] *Discourses*, 1.25.6.
[46] *Discourses*, 1.4.13.

교사들을 존경해야 하지만 그들을 맹목적으로 믿어선 안 된다. 스토아 철학 최초의 수장 중 한 사람인 크리시포스의 글을 읽는 것은 덕이 아니다.[47] 그의 텍스트는 스토아철학의 핵심 신조를 설명하는 한에서만 필요하다.[48] 에픽테토스는 오직 철학책을 읽는 데만 빠져 있는 사람, 철학의 원칙을 자신의 가정생활에 적용하는 데 게으른 사람은 누구라도 '그곳(가정)의 문제를 게을리 하지 못하도록' 바로 집으로 다시 돌려보낼 것을 약속한다.[49] 이러한 반권위적이며 지극히 실용적인 정신은 세네카에게서 가장 극명하게 드러난다. 다음 두 구절을 보자.

우리는 (철학이라는) 군주를 섬기는 신민臣民이 아니다. 모든 개인이 자신의 자유를 주장할 수 있다.[50]

당신은 다른 사람의 지시를 받으며 얼마나 나아갈 수 있겠는가. … 당신과 당신의 책 사이에 어느 정도 거리를 두어라. 당신은 언제까지 학생일 텐가? 지금부터는 교사가 되어라.[51]

---

47 *Discourses*, 1.4.7.
48 *Discourses*, 1.17.18.
49 *Discourses*, 1.4.22.
50 Seneca, *Letters*, 33.4.
51 Seneca, *Letters*, 33.7-9.

종합하면 이것은 철학을 자기 삶에 실제로 적용하는 것이 필요함을
의미한다. 세네카는 또 이렇게 적었다. "남이 제시한 해결책에 만족한
채 머문다면 진짜 해결책은 결코 찾을 수 없다."[52] 이런 식으로 스토아
철학은 서구불교와 마찬가지로 수련자의 손에 힘을 쥐어주는 것을
강조한다. "불교 수행은 더 이상 도덕적 규칙과 종교적 의례의 도움을
필요로 하지 않는다. 불교 수행은 전일성과 창조적 자율성에 바탕을
두고 있다."[53]는 배철러의 말에 담긴 혁신적인 정신은 스토아철학에서
도 찾아볼 수 있다. 스토아철학 연구자인 앤서니 롱은 크리시포스가
후대 스토아철학자들 사이에 차지한 지위를 언급하며 이렇게 말했다.

크리시포스의 글이 정전正典의 지위를 획득한 것은 사실이다. 그렇
다고 해서 후대 스토아철학자들이 크리시포스의 복제품이 되어
자신의 생각을 포기해야 하는 것은 아니다.[54]

이런 태도의 결과는 무엇일까? 한마디로 그것은 아우타르케이아
(autarkeia: 자족自足을 의미하는 그리스어)이다. 우리는 무엇이 최선인
지, 무엇이 가르침을 가장 적합하게 적용한 것인지 스스로 아는 법을
배울 수 있다. 이전 철학에 엄격하게 매이지 않는 이러한 자족과
반권위적 정신이야말로 현대 스토아철학(Modern Stoicism) 운동과

52 Seneca, *Letters*, 33.10.
53 1997, 9.
54 2002, 19.

72

오늘도 진행 중인 스토아철학의 진화에 영감을 주고 있다. 삶의 방법으로서의 진짜 철학은 역동적인 성격을 갖는다. 철학이 제공하는 기존의 '정답'이 존재한다는 느낌이 강하게 들 때도 있지만, 그 정답 역시 우리가 사는 세상의 급격히 변화하는 환경에 대응해 바뀌게 마련이다. 여기에는 역사적으로 우리에게 '내려온' 깊이 숙고한 삶의 대응법을 존경의 마음으로 추려냄과 동시에, 우리가 이룬 인간 이해의 발전을 고려해 그 대응법을 현명하게 수행해야 하는 복잡한 관계가 존재하고 있다. 또한 우리가 처한 삶의 환경도 고려해야 하며, 우리 자신의 여정에서 우리가 지금까지 획득한 지혜도 함께 고려해야 한다.

결론

이 장에서 나는 스토아철학과 불교가 철학적 태도와 접근 방식에서 공유하는 몇 가지 전반적인 유사점에 대해 생각해 보았다. 두 체계는 우리가 삶의 냉정한 현실 속에서도 삶에 대한 '번창하는(flourishing)' 대응법을 찾는 데 초점을 맞춰야 한다는 데 생각을 같이한다. 그리고 이를 위해 우리의 마음을 훈련하는 방법이 존재하며, 덕과 윤리로 사는 방법이 존재한다는 데도 같은 생각을 갖는다. 두 철학 모두 인간은 본래적으로 선함의 능력을 갖추고 있으며, 철학적 수련을 통해 이를 '드러낼' 수 있다고 믿는다. 또 이것이 가능한 이유는 우리의 자아가 변화 가능한 성격을 지녔기 때문이라고 본다. 우리의 자아는 서서히 그러나 확실히, 지혜로운 방향으로 변화할 수 있다는 것이다.

그러면 자아의 변화는 실제로 어떤 방식으로 일어나는가? 스토아철학자와 불교인은 자아를 변화시키기 위해 매일의 일상에서 실제로 어떻게 행동하는가?

이제 스토아철학과 불교에 있어서 '마음챙김(mindfulness)'의 중심적인 역할에 대해 생각해 보자.

2장 스토아철학의 마음챙김과
불교의 마음챙김

자기 변화를 위한 철학을 실천하려면 품성에 대한 알아차림을 키우는 데 초점을 맞춘 기법과 도구가 필요하다. 자신의 품성에 대한 자각이 있어야 이어서 품성을 변화시킬 수 있기 때문이다. 스토아철학을 연구하는 피에르 아도(Pierre Hadot)가 말하듯 우리는 "단지 지식의 사례를 다루는 것이 아니다. 우리는 품성의 변화를 다룬다."[1] 스토아철학과 불교에는 이 점과 관련해 논의할 수 있는 수많은 측면이 존재하지만 나는 특히 두 철학 모두에서 매순간 자기 변화를 가능케 하는 한 가지 중심적인 훈련에 초점을 맞추고자 한다. 그것은 '마음챙김(mindfulness)'이라는 훈련이다.

대부분의 사람은 오늘날 '마음챙김'을 불교 수행에서 유래한, 현재 순간의 특정한 측면에 초점을 맞추는 명상의 한 가지 형식으로 알고

---

1 1995, 84.

있다. 그런데 스토아철학자들에게도 이와 유사한 수행법이 있었으니 고대 그리스에서는 이것을 프로소케(prosoche)라고 불렀다. 이것은 '주의(attention)'를 의미하지만 불교의 그것과 특별히 유사하다는 점에서 '마음챙김'으로 번역할 수 있겠다.

이 장에서 나는 스토아철학의 마음챙김과 불교의 마음챙김을 몇 가지 핵심적인 방식으로 탐구할 것이다. 우선, 어떻게 두 철학 모두 특히 도덕적 변화를 일으키기 위하여 현재 순간에 대한 주의 깊음을 장려하는지 이야기할 것이다. 그런 다음, 스토아철학과 불교를 인지행동치료(CBT)와 유사한 형식으로 간주할 수 있다는 점을 논할 것이다(비록 인지행동치료와 두 철학 사이에 중요한 차이점이 있다 해도 말이다). 그리고 마지막으로 불교의 명상 수행과 스토아철학 정신 훈련의 주요한 차이점과 유사점에 대해 생각해 볼 것이다. 이 세 가지 영역에 대해 생각해 보면 두 철학을 일상의 삶에서 수련하는 것이 어떤 의미인지에 관한 아이디어가 떠오를 것이다.

현재 순간에 대한 도덕적 주의 기울임

마르쿠스 아우렐리우스는 우리들 각자가 오직 현재 순간에만 산다는 점을 스스로 상기한다('모든 사람은 오직 지금 이 순간에만 산다. 다른 모든 순간은 이미 살았거나, 아직 살지 않은 불확실한 상태에 있다.').[2] 마찬가

---

2 *Meditations*, 3.10.

지로 틱낫한도 독자들에게 이렇게 상기시킨다. "우리가 지금 여기에 있다는 것을 알아차리라. 우리가 살아 있는 유일한 순간은 현재 순간이니."[3] 여기까지는 두 철학이 매우 유사하다. 그런데 두 철학이 현재 순간에 주의를 집중하는 방식도 완전히 같을까?

서양불교에서 현재 순간에 대한 강조는 흔히 감각의 열림과 함께 세상을 '새로운 눈으로' 보는 기회로 간주된다.[4] 불교 수행자는 감각 차원으로 주의를 향하는 법을 배운다. 그러면 개념에 사로잡힌 마음이 잠시 멈추면서 수많은 평범한 현상이 '기적'으로 다가온다.[5] 이런 종류의 수행은 매순간이 간직한 생생함을 느끼는 것이다. 가령 떨어지는 나뭇잎이나 불어오는 산들바람을 온전히 알아차린다. 틱낫한은 이것을 '실제 세상' 속에 들어가는 것이라고 표현했다.[6] 이런 일은 우리가 (내면적-언어적) 평가를 통해 세상을 경험하는 과정이 일시 멈출 때 일어난다. 이런 종류의 현재 순간에 대한 집중은 가장 현대적인 형태의 마음챙김을 수행하는 많은 이들에게 익숙하다.

그러나 나는 스토아철학자들이 불교에 해당하는 이런 '선禪적인' 단순함을 지녔다고 생각하지 않는다. 또한 적어도 스토아철학자들이 의도적인 철학적 수련으로서 이런 단순함을 계발했다고 보지 않는다 (비록 자연의 아름다움을 알아보는 등 심오한 기쁨을 느끼는 순간에 '말을

---

3 2005a, 16.

4 McMahan, 216.

5 McMahan, 216.

6 1975, 12.

초월해' 삶을 알아보는 것이 스토아철학의 일부이긴 하지만). 그보다, 앞으로 말하겠지만 내가 보기에 스토아철학이 현재 순간에 초점을 두는 데 큰 중요성을 부여한 까닭은 현재 순간이 우리가 덕을 닦는 중요한 기회가 되기 때문이다. 이런 식으로 현재 순간은 풍성한 도덕적 잠재성을 지닌 순간이 된다. 그렇다면 '마음챙김'과 관련하여 이 지점부터 스토아철학과 불교가 각자의 길을 가는 것일까?

전혀 그렇지 않다. 실제로 서양불교에서 마음챙김 개념은 위에 말한 현재 순간에 대한 비개념적 알아봄이라는 기본적인 아이디어보다 훨씬 광범위하다. 서양불교의 마음챙김 개념 또한 현재 순간을 도덕적이고 지혜롭게 사용할 것을 권한다. 실제로 스토아철학과 불교 모두에서 마음챙김에는 목적이 있다. 그것을 '깨어남의 과제'라고 말할 수 있을 것이다. 왜냐하면 특히 우리는 자신의 감정과 생각을 더 잘 알아차림으로써 자기 변화의 가능성을 북돋아주는 능숙한 방법을 터득하게 되기 때문이다. 자신의 생각과 감정을 알아차림으로써 도덕적 방향으로 자신을 변화시키는 작업을 할 수 있다. 즉 우리가 중요하게 여기는 가치를 실현하게 되는 것이다. 붓다에게 마음챙김을 계발한다는 것은 '살아 있는 존재들이 마음을 정화하고, 비탄과 슬픔을 스스로 극복하며, 고통과 불안을 끝내고, 바른 길을 걸으며, 열반을 실현하는' 도구가 된다는 점에서 필수적인 일이었다.[7] 에픽테토스에게 있어서는 삶에 '주의를 기울이지 않는' 사람은 '고요하고 적합한

---

[7] *Majjhima Nikaya (The Middle Length Discourses)* in Thich Nhat Hanh (2006a), 13.

생활, 자연에 일치하는 삶과 그러한 삶의 지속을 지금에서 나중으로 미루는' 사람이다.[8] 피에르 아도는 이것을 이렇게 말한다. "스토아철학자가 삶의 매순간 유지해야 하는 기본적인 태도는 주의를 기울이는 태도이다. … 매순간, 모든 순간에 집중해야 한다. 이성에 반하는 어떤 것도 놓치는 일이 없도록."[9] 스토아철학에서 현재 순간에 주의를 기울이는 것은 곧 덕을 닦는 것이다.

따라서 두 철학 모두 '마음챙김'을 계발하는 것은 바른 길을 실현하는 데 필수적인 부분으로 간주된다. '바른 길을 실현한다'는 것은 스토아철학의 경우 '자연과 일치하는 삶'을, 불교의 경우 '고통의 종식'을 추구하는 것을 말한다. 이것은 단지 현재 순간에 대한 난해한 개념적 인식에 관한 것이 아니다. 그보다 '마음챙김'의 계발은 도덕에 초점을 맞춘 마음을 꾸준히 계발하는 것으로 이어진다. 『법구경』에는 이런 구절이 나온다. "어머니도, 아버지도, 어느 친척도 잘 다스린 마음이 주는 것만큼 우리에게 도움을 주지 못한다."[10] 마찬가지로 에픽테토스는 제자들에게, 주의를 기울이지 않는 마음은 바람직한 것으로 향하는 방향감각을 쉽게 잃게 한다고 상기시킨다. "마음이 방황하도록 놓아둔다면 마음을 불러오는 일도, 마음으로 품위와 자기 존중, 절제를 키우는 일도 더 이상 당신의 힘으로 할 수 없다는 사실을 깨닫지 못하는가?"[11] 에픽테토스에 따르면 이 수련을 내일로 미루는 자는

---

8 *Discourses*, 4.12.2.

9 1995, 226.

10 *Dhammapada*, 43.

세상을 향해 본질적으로 이렇게 말하는 것과 같다. "오늘 나는 염치없고 요령 없고 비굴한 인간으로 살 것이다. 나를 슬프게 만드는 것은 다른 사람에게 달렸다. 오늘 나는 화를 낼 것이고, 질투심에 굴복할 것이다."[12] 마음챙김이 없으면 나중에 후회할 방향으로 우리를 끌고 가는 '자동조종' 모드로 살아가기 쉽다.

간단히 말해 스토아철학과 불교 두 전통 모두에서 마음챙김은 도덕 사상을 현실에 적용하는 도구가 된다. 이것이 실제로 그러한 이유는 삶의 '재료'를 제대로 다듬을 수 있는 순간은 오직 '지금', 현재 순간뿐이기 때문이다. 스토아철학에서는 덕의 방향을 향해 현재 순간을 이끄는 것을 강조한다. 마르쿠스 아우렐리우스는 이렇게 적었다. "… 너 자신을 오직 현재에 관여시켜라. 그러면서 현재를 신성함과 정의로 이끌어라."[13] 마르쿠스에게 있어 현재에 관여하는 것이야말로 미래가 스스로 자신을 돌보는 행동이다. "미래가 너의 마음을 힘들게 만들도록 놓아두지 말라. 왜냐하면 네가 미래에 이르면 지금 네가 현재 일에 적용하는 그 이유를 미래에도 그대로 가져갈 것이니까."[14] 불교에서도 이와 똑같은 생각을 발견할 수 있다. 틱낫한이 쓴 『의식의 본성에 관한 시(Verses on the Nature of Consciousness)』에 수록된 47번째 시는 다음과 같다.

---

11 *Discourses*, 4.12.6.

12 *Discourses*, 4.12.20.

13 *Meditations*, 12.1.

14 *Meditations*, 7.8.

현재 순간은 / 과거와 미래를 모두 담고 있네. / 변화의 비밀은 /
우리가 지금 이 순간을 어떻게 다루는가에 있다네.[15]

　지금-여기가 가장 중요한 이유는 도덕적 관점에서 우리가 지금-여
기와 어떻게 관계 맺느냐가 중요하기 때문이다. 이때 우리는 '지금을'
잘 사는 것이 실제로 과거를 치유하고 미래를 준비하는 것임을 안다.
　그리고 우리는 마음챙김을 통해 자신의 생각과 감정 패턴을 더
잘 알아차릴 뿐 아니라 존엄한 삶, 도덕적인 삶과 어울리는 식으로
일상 활동을 해나갈 수 있다. 여기에는 우리가 매일처럼 하는 많은
일이 포함된다. 특히 '영적'이라고 여기지 않는 활동도 예외가 아니다.
에픽테토스는 말하기를, 주의 깊은 마음을 갖출 때 우리는 삶의 모든
'사소한 일'을 더 잘 행할 수 있다.[16] 마찬가지로 틱낫한에게도 우리가
행하는 모든 일이 나름의 중요성을 갖는다.

　우리가 행하는 모든 행동 하나하나가 의식儀式이며 의례이다. …
　'의식'이라는 단어가 너무 근엄해 보이는가? 내가 이 단어를 사용하
　는 이유는 알아차림이 절체절명의 문제임을 당신이 문득 깨닫게
　하기 위해서다.[17]

15　2006b, 229. 이 시는 원래 기원후 4~5세기에 살았던 불교학자 바수반두(Vasu-
　　bandhu, 세친世親)가 지은 것인데 틱낫한이 수정했다.
16　*Discourses*, 4.12.5.
17　1975, 24.

이 점에서 가령 샤워하고 밥 먹는 행동도 다른 모든 활동과 마찬가지로 우리가 걸어야 할 철학적 길의 일부가 된다. 이에 틱낫한은 우리가 이런 활동을 하는 중에 '가타(게송: 현재 순간에 하는 활동에 마음을 모으는 짧은 시)'를 암송할 것을 권한다.[18] 이런 식으로 수행자는 몸을 씻는 중에도 다음처럼 게송을 암송할 수 있다. "몸을 씻으니 마음도 깨끗해지네."[19] 이것은 우리가 앞으로 계속 도덕적 삶을 살도록 상기시키는 일종의 정화 의식이라 할 수 있다. 이와 비슷하게, 틱낫한이 쓴 『마음챙김 식사를 위한 다섯 가지 숙고(The Five Contemplations for Mindful Eating)』에서[20] 두 번째 숙고 사항은 다음과 같다. '마음챙김과 감사함으로 이 음식을 먹기를. 그렇게 우리가 이 음식을 받을 만한 가치가 있는 존재가 되기를.' 틱낫한의 이 두 수련 모두, 에픽테토스가 자신의 제자에게 전한 다음의 조언과 일맥상통한다. '충직한 사람으로서 목욕하고, 겸손한 사람으로서 밥 먹으라'는 조언이다.[21] 여기서 그가 '충직한' 이유는 덕 있는 삶에 대한 확신이 있기 때문이며, 그가 '겸손한' 이유는 음식의 절제가 곧 삶에 있어서의 절제를 연습하는 훈련이기 때문이다. 이런 식으로 스토아철학과 불교 모두, 일상의 평범한 활동을 우리가 걸어야 할 철학적 길의 일부로 삼을 것을 권한다.

---

18 King (2001), 72.

19 2006c, 23.

20 2006c, 67.

21 *Discourses*, 1.4.20.

　이상의 논의를 통해 두 전통 모두에서 '마음챙김'으로 이름 붙일
수 있는 것에 대한 각자의 접근 방식이 매우 분명하고 중요한 도덕적
차원을 포함하고 있다는 점이 분명히 드러났길 바란다. 불교인들
사이에는 마음챙김이 도덕과 떼려야 뗄 수 없는 관계라는 사실을
깨닫지 못하는 경향이 실제로 존재하는데 틱낫한은 이를 크게 우려한
다. 틱낫한은 이렇게 적었다. "내가 알기로 일부 선 수행자는 계율을
닦지 않고 명상 수련을 할 수 있다고 여긴다. 그러나 그것은 바른
생각이 아니다. 불교 명상의 핵심은 계율을 닦는 것이며, 마음챙김은
곧 계율을 닦는 수행이다."[22] 그는 이어 이렇게 말한다. "바른 마음챙김
이 있으면 사성제 그리고 팔정도의 나머지 일곱 가지도 모두 따라온
다."[23] 이렇게 말하고 보니 나 자신도 현재 순간의 경이로움을 깊이,
비개념적으로 알아보는 것 또한 도덕적이라는 생각이 든다. 실제로,
미래의 물질적 성공을 꿈꾸는 데서 행복을 찾을 것을 강요하는 시대에
현재 순간의 단순함에서 기쁨을 끌어내는 능력은 그 자체로 확실히
도덕적인 선택이라고 할 수 있다.

　결론적으로, 스토아철학과 불교의 두 체계는 우리가 애초에 생각한
것보다 훨씬 큰 유사성을 보인다. 스토아철학에서는 현재 순간에
대한 비개념적이고 선적인 알아봄을 의도적으로 계발하지 않지만,
도덕적 자각과 현재 순간을 연결시키도록 권한다. 도덕적 자각과
현재 순간의 연결성은 서양불교를 비롯한 불교에서 권하는 바이기도

22　1998, 82.

23　1998, 64.

하다. 두 전통 모두에서 마음챙김과 관련하여 우리는 다음과 같은
결론을 내릴 수 있다. 즉 도덕이 가장 우선이며, 현재 순간에 대한
알아봄이 그 다음이라는 것이다.

스토아철학의 인지행동치료와 불교의 인지행동치료

감각인상(phantasia)이여, 나와 함께 잠시 머물라. 네가 누구이며
어디서 왔는지 내가 알게 하라. 내가 너를 살펴보도록 허락하라.[24]
 - 에픽테토스

숨을 들이쉬며 / 지금 내 안에 불쾌한 느낌이 일어났음을 나는
안다 … 숨을 내쉬며 / 나는 이 불쾌한 느낌의 뿌리를 볼 수 있다.[25]

반가워, 두려움아. 또 너구나.[26] - 틱낫한

스토아철학과 불교 모두, 우리가 매일처럼 떠올리는 생각과 감정에
대해 건강한 의심을 지닐 것을 권한다. 이렇게 의심을 갖는 목적은
특정한 생각과 느낌이 일어날 때 거기서 한발 물러나 그것을 찬찬히

---

24 *Discourses*, 2.18.24.
25 2006a, 58ff. 텍스트 수정 〔원래='즐거운' 느낌. 그러나 이 방법은 모든 느낌에
 적용 가능하다〕.
26 1995, 66.

살펴보고 그에 대해 '현명하게 반응하도록' 하기 위해서다.

그러한 '현명한 반응' 중 하나가 우리에게 일어난 일을 정확히 지각하는 것이다. 그리고 가령 잘못된 생각이나 우리를 압도하는 감정에 '흐려지지' 않는 것이다. 왜냐하면 에픽테토스가 말하듯 '사람들을 괴롭히는 것은 일어난 일 자체가 아니라 그 일에 대한 사람들의 판단'이기 때문이다.[27] 이것은 틱낫한도 동의하는 심리적 토대로서, 그는 이렇게 적었다. "잘못된 지각이 부정확한 생각과 불필요한 고통을 일으킨다."[28] 그는 제자들에게 스스로 끊임없이 이렇게 자문하도록 권했다. "확실한가?"[29]

이렇게 자신의 생각과 감정의 정확성을 유지하는 데 초점을 두는 것은 인지행동치료(CBT)와 유사해 보인다. 인지행동치료는 불안장애를 비롯한 다양한 정신건강상 문제를 일으키고 지속시키는 유해한 신념을 없애는 것을 목적으로 하는 치료법이다. 인지행동치료는 특히 우리의 생각과 느낌이 얼마나 '정확한지'에 초점을 맞춘다.

실제로 스토아철학과 불교는 인지행동치료와 유사하다고 종종 간주된다. 두 철학 모두 우리의 생각과 행동을 보다 바람직한 것으로 적극적으로 대체하는 데 관심을 갖는다는 점에서 그렇다. 또 이런 의미에서 스토아철학과 불교 두 철학 모두 나름의 '인지행동치료'라고 할 수 있다. 여기서 나아가 어떤 이들은 두 철학 모두 인지행동치료의

---

27 *Handbook*, §5.

28 1998, 61.

29 1998, 60-61.

발전에 영향을 미쳤다고 주장하기도 한다. 인지행동치료의 창시자인 앨버트 엘리스(Albert Ellis)는 에픽테토스와 마르쿠스 아우렐리우스를 자신에게 큰 영감을 준 사람으로 꼽았으며,[30] '현대 스토아철학' 프로젝트의 멤버인 도널드 로버트슨(Donald Robertson)은 인지행동치료의 스토아적 기원에 관한 책을 쓰기도 했다.[31] 한편 불교의 경우, 앨버트 엘리스는 붓다를 자신에게 영감을 준 사람 중 하나로 꼽았으며, 흥미롭게도 잭 콘필드는 불교인들을 '최초의 인지행동 치료자'로 간주한다.[32] 콘필드는 『맛지마 니까야』에 속한 「위딱까산타나 숫따(잡념을 제거하는 것에 관한 경)」에 나오는 붓다의 말을 인용해 자신의 주장을 지지한다.

사악하고 바람직하지 못한 생각, 즉 탐욕과 성냄과 어리석음에 물든 생각이 일어나는 때가 있다. … (그때) 그(비구)는 그것 외의 다른 주제, 즉 바람직한 생각과 관련된 주제로 주의를 돌려야 한다. … 마치 솜씨 좋은 목수와 그의 도제가 작은 못으로 큰 못을 뽑아내듯이….[33]

---

30 Evans와 인터뷰에서(http://philosophyforlife.org/albert-ellis-on-philosophy-as-therapy/).

31 *The Philosophy of CBT: Stoic Philosophy as Rational and Cognitive Psychotherapy*, Karnac, 2010.

32 2008, 293.

33 *Majhima Nikaya*, 1.119.

이런 '생각 바꾸기' 연습은 확실히 일종의 '인지치료'라고 할 수 있으며, 스토아철학에서도 '처음에 일으킨 생각'을 더 현명하고 덕에 부합하는 생각으로 대체할 것을 강조하는 부분을 찾아볼 수 있다. 그런데 이런 전반적인 유사성이 분명히 존재함에도 불구하고, 불교와 스토아철학을 인지행동치료의 보다 '임상적이며' 과도하게 합리적인 성격과 구분 짓는 것은 매우 중요해 보인다. 왜냐하면 궁극적으로 스토아철학과 불교는 하나의 전체로서의 일관된 삶의 틀을 제시하는 철학이기 때문이다. 이것은 인지행동치료가 하지 않는 일이며, 결코 할 수도 없는 일이다. 인지행동치료는 특정 문제를 제거하는 데 초점을 맞추며, 이런 목적에는 크게 도움이 되지만, 우리의 삶을 이해하고 전반적으로 어떻게 살아야 하는가에 관한 '큰 그림'을 제시하지는 않는다.

대신에 스토아철학과 불교의 행동주의(인간의 모든 행동은 외부 조건에 적응하는 과정에서 학습된다고 보는 이론 – 옮긴이)가 지닌 그 자체의 성격을 살펴보기로 하자. 불교와 스토아철학을 일종의 인지행동치료로 분류할 수 있다면 그것을 어떻게 묘사해야 할까? 이들 철학은 우리가 일상생활에서 어떤 종류의 수련을 하기를 권하는 것일까?

불교의 '따뜻한 마음을 담은 행동주의'

불교의 경우에 잭 콘필드는 불교에서 인지행동치료에 상응하는 부분이 있다며 거기에 '따뜻한 마음을 담은 행동주의'라는 이름을 붙였다.[34]

그는 이렇게 적었다. "우리는 자신과 타인에 대한 연민의 마음에서 자신의 생각을 바꾼다.[35] 이렇게 생각을 바꾸는 것이야말로 '우리의 참된 관심사'이다."[36] 이로써 콘필드는 이 수련을 임상-치료적 맥락에서 분리시킨다. 즉, 불교인이 자신의 생각과 감정을 변화시키는 목적은, 그것을 더 '정확한' 것으로 만들기 위해서가 아니라 자신과 타인의 감정에 대해 따뜻한 마음을 담은 반응을 계발하기 위해서다. 연민심이야말로 불교인이 자신의 생각과 감정을 다룰 때 가장 자주 참조하는 '기준점'이다. 우리가 평소 외면하고자 애쓰는 감정이 일어날 때 불교인은 부드럽고 이해심 있는 사랑으로 그것을 받아들이는 것을 목표로 한다. 일반적으로 불교인은 그러한 감정을 최대한의 연민의 마음으로 숙고하는 방식으로 삶의 커다란 문제에 대한 해결책을 구한다.

이러한 태도는 불교에서 행하는 일상 수련의 핵심을 축약해 보여준다. 불교의 일상 수련은 그날 하루 일어나는 감정의 흐름을 마음챙김을 통해 온화한 사랑으로 받아들이는 데 초점을 맞춘다. 연민의 마음을 담은 이런 알아차림을 통해 자아가 조금씩 변화할 수 있다고 본다.

스토아철학의 '덕을 향한 행동주의'

그렇다면 스토아철학에서 인지행동치료에 상응하는 부분이 있다면

---

34 Kornfield (2008), 293.

35 Kornfield (2008), 296.

36 Kornfield (2008), 299.

무엇일까? 나는 그것이 '덕을 향한 행동주의'라고 제안하고 싶다. '덕을 향한 행동주의'란 스토아주의자는 자신의 감정과 생각을 끊임없이 덕의 관점에서 다시 보려고 노력한다는 의미다. 스토아철학에 따르면 자신의 감정과 생각을 덕의 관점에서 보는 것이야말로 삶에서 가장 중요한 일이다.

　이 과정이 실제로 어떻게 작동하는지 보여주는 마르쿠스 아우렐리우스의 다음 구절을 보자.

> 너의 마음에 나타나는 모든 것에 대해 그것의 본질만이 남을 때까지 분해했을 때 그것이 어떤 종류의 것이지, 전체로서 그리고 그 각각의 부분으로서 알 수 있도록 항상 그림을 그리고 계획을 세우라. 그런 다음 그것의 적절한 이름을 당신 자신에게 말해 보라. 그것을 구성하고 있는 요소들의 이름과, 그 요소들이 조합하여 만들어지는 것들의 이름을 말해 보라. 왜냐하면 삶에서 우리 앞에 나타나는 모든 것을 체계적으로 진실 되게 살펴보고, 각각의 사물이 어떤 세상에서 어떤 용도에 도움이 되는지 살펴보는 것보다 마음의 탁월성을 이루는 데 더 효과적인 방법은 없기 때문이다. 또 그것이 최고 도시의 시민인 사람들에게 어떤 가치를 지니는지 … 그리고 지금 나에게 인상을 남기고 있는 이 사물이 무엇이며, 무엇으로 이루어져 있는지, 그것이 얼마나 오래 자연스럽게 지속될 것이며, 그에 맞닥뜨려 온화함, 용기, 진실성, 훌륭한 믿음, 단순함, 자족 등 어떤 덕이 필요한지 숙고하는 방식으로 사물을 바라보는

것보다 마음의 탁월성을 창조하는 더 좋은 방법은 없기 때문이다.[37]

마르쿠스가 여기서 제안하는 것은 자신의 생각에 대한 명료한 알아차림을 계발하는 것이다. 그런데 생각을 명료하게 알아차리기 위해서는 자신의 마음에 떠오르는 생각에서 한걸음 물러나 그것을 마음속에 분명하게 그려야 한다. 다음으로 마르쿠스는 이런 생각과 느낌들이 삶에서 가장 중요한 것에 관한 자신의 도덕적 신념과 관련해 어떤 위치를 지닐 수 있는지 분별하고자 노력한다. 지금 자신에게 떠오른 감각인상들에는 어떤 종류의 가치 판단이 '들어 있으며' 그런 가치 판단이 과연 자신에게 도덕적으로 도움을 주는지 살펴보라는 것이다. 그 다음에, 마르쿠스는 그중 어떤 도덕적 성질이 그 감각인상과 관련된 상황에 접근하는 데 가장 도움이 되는지 알아내고자 한다. 그것은 가령 온화함일까, 용기일까, 아니면 단순함일까? 바로 이 지점이 스토아철학자들이 감각인상에 맞닥뜨려 '덕에 기초한 반응(virtuous response)'을 탐색하고자 노력하는 지점이다. 실제로 이 훈련의 목표는 온통 자신의 도덕적 자각력을 향상시키는 것이라고 할 수 있다. 스토아철학 연구자인 크리스 길(Chris Gill)은 이렇게 적었다. "이것은 언뜻 순전히 과학적이고 분석적인 과정으로 보일 수 있으나 마르쿠스가 실제로 염두에 둔 것은 해당 상황의 '도덕적' 핵심에 이르는 것이다."[38] 마르쿠스는 이런 단계를 밟음으로써 자신의 마음에 떠오르

---

37 *Meditations*, 3.11.

38 2011, xvii.

는 생각과 감정을 스토아적 덕성의 빛에 비추어 다시 바라본다. 그리고 '덕에 기초한 반응'에 토대를 두고 행동할 때 자신의 행동을 '덕을 향해' 성공적으로 수정해 갈 수 있다고 보았다.

인지행동치료의 비유에 비추어 스토아철학과 불교의 두 접근 방식을 어떻게 요약할 수 있을까? 불교인은 연민의 마음을 향하여 끊임없이 자신을 닦아나간다. 틱낫한은 마음챙김(mindfulness)에 해당하는 한자어인 념念에 지금(今)과 마음(心)을 상징하는 글자가 함께 들어 있다고 말한다.[39] 한편, 스토아주의자는 덕을 향해 자신의 성품을 닦아가고자 꾸준히 노력한다. 만약 스토아철학의 '프로소케(proso-che)/마음챙김'에 해당하는 한자가 있었다면 거기에도 '지금'과 '덕'을 의미하는 글자가 함께 들어 있었을 것이다.

불교의 명상 수련과 스토아철학의 '영혼의 훈련'

우리는 마음이 내킬 때면 언제든 자기 안으로 침잠해 들어갈 수 있다. 왜냐하면 자기 영혼의 내면보다 더 크게 평화를 누리며 염려에서 더 많이 벗어날 수 있는 장소는 없기 때문이다.[40] - 마르쿠스 아우렐리우스

안정되고 편안하게 자리에 앉아 우리 자신으로 돌아오는 것은

---

[39] 1998, 64f.
[40] *Meditations*, 11.19.

기쁨이다. 우리의 호흡, 우리의 잔잔한 미소, … 우리의 참된 본성으로 돌아오는 것 말이다.[41] - 틱낫한

우선 둘의 유사점부터 살펴보자. 마르쿠스 아우렐리우스가 자신을 새롭게 하는 목적으로 규칙적으로 스스로를 독려하는 정식 묵상 시간을 따로 마련했다는 점은 확실하다.[42] 이러한 활동을 가리키는 그리스어는 아나코레시스(anachoresis)인데, 문자 그대로는 '자기 내면으로 돌아감'을 의미하며 보통은 '피정(retreat)'으로 번역된다. 이런 시간을 갖는 동안 마르쿠스는 단순하고 기본적인 스토아철학의 격언과 스토아철학의 핵심 사상을 압축한 짤막한 격언을 마음에 떠올리고는 그에 대해 숙고한다. 학자인 피에르 아도는 복잡한 스토아철학을 짤막한 격언으로 축약하는 방법은 스토아철학의 '근본 원칙'을 마음이 언제든 쉽게 활용할 수 있게 하며, 반사적인 확실성과 항상성을 지니고 삶에 적용하는 데 반드시 필요한 방법으로 여긴다.[43] 마르쿠스는 내면의 '피정'이라는 맥락에서 다음의 구절을 자신에게 들려주는 예를 든다.

우주는 변화이고, 인생은 의견이다.[44]

---

41 2006c, 32.
42 *Meditations*, 4.3.1.
43 1995, 84.
44 *Meditations*, 4.3.4.

이 구절을 속으로 되뇜으로써 마르쿠스는 끊임없는 변화라는 스토
아철학의 핵심 교의를 스스로 떠올린다. 또 사람의 삶은 그가 가진
지각에 의해, 다시 말해 자기 외부의 것이 아니라 자신이 무엇을
생각하는가에 따라 결정된다는 사실도 떠올린다. 이런 수련은 철학적
길에 대한 자신의 전념을 새롭게 하는 목적으로, 자기 삶에 일어나는
일을 전체적으로 조망하게 한다는 점에서 회복적 활동의 기능을
한다고 볼 수 있다. 마르쿠스는 이 '피정'을 '자기만의 작은 땅 조각'으로
돌아가는 것이라고 말했다.[45] 이런 피정의 시간은 계발과 발전의
시간을 갖기 위한 목적이다.

한편, 틱낫한의 접근 방식에서 볼 수 있는, 이와 가장 유사한 불교
수련에는 호흡에 대한 알아차림을 가타(게송)와 일치시키는 것이
있다. 게송은 자신의 의식을 현재 순간 경험의 일부 측면으로 가져가는
짤막한 구절이다(흥미롭게도 이것은 마르쿠스가 비유적으로 표현한 '땅
조각'으로 돌아가는 피정을 연상시키는 식으로 종종 '자아의 섬'으로 돌아가는
것으로 제시된다).[46] 불교인이 암송하는 수많은 게송이 있는데, 이를
특히 잘 보여주는 수련에는 다음과 같은 것이 있다.

숨을 들이쉬며 몸을 편안하게 합니다. / 숨을 내쉬며 미소를 짓습니
다. / 현재 순간에 머물며 / 지금이 경이로운 순간임을 깨닫습니다.[47]

---

45 *Meditations*, 4.3.4.
46 Thich Nhat Hanh (2009), 13.
47 Thich Nhat Hanh (2006c), 32.

94

이것은 (지극히) 단순한 수련으로 마르쿠스가 향했던 것과 비슷한 방향으로 수련자를 이끈다. 현재 순간의 '경이로움'을 자각할 수 있는 이유는 그 경이로움이 영원하지 않기 때문이다. 한편, 미소를 짓겠다는 결심은 우리를 흔히 말하듯 '외부 사건에 통제 당하는' 것이 아니라[48] '자신의 주인'으로 만들어준다고 본다.

두 경우 모두, 피정이라는 행동은, 다시 한 번 삶의 나머지 시간을 위한 도덕적 준비의 시간으로 인식된다. 피정은 삶으로부터 '도피'하는 것이 결코 아니다. 그보다 마르쿠스는 자신이 이런 숙고를 하는 이유는 '돌아가 맞닥뜨려야 할 일들에 조금도 불만이 없는 상태로' 자신을 만들기 위함이라고 명시적으로 천명한다.[49] 이와 비슷하게 틱낫한은 이렇게 말한다. "나의 주된 관심은 게송이 게송 없는 마음 상태에 미치는 영향에 있다."[50] 그러면서 또 이렇게 말한다. "하나의 게송이 그날의 나머지 시간에 영향을 준다."[51] 이 점에서 스토아철학과 불교의 두 체계 모두, 명상이 지닌 도덕적 성격에 생각을 같이하며, '물러남'을 의미하는 피정이 그날의 보다 '활동적인' 시간에 큰 도움이 된다는 데도 생각을 같이한다. 명상의 시간은 마치 '들숨'과 비슷해 '날숨'이라는 그날의 활동적인 부분에 대해 준비하는 시간이라는 것이다.

---

48 Thich Nhat Hanh (2005a), 15.
49 *Meditations*, 4.3.1.
50 2005a, 60.
51 2005a, 60.

그러나 그 밖의 다른 명상 훈련의 실제적 과정은 두 철학이 그 형식에서 분명한 차이를 보인다. 우선, 스토아철학에서 하는 내면의 '격언' 암송은 스토아철학의 여러 수련 중 하나에 불과했다. 그 밖에 스토아철학에서 하는 많은 영적 훈련은 고도로 성찰적이며 개념적인 성격의 것이었다(마르쿠스가 글로 쓴 자신의 성찰 기록인 『명상록』은 본질적으로 자신을 위한 철학적 훈련이었다). 더욱이 스토아철학의 영적 훈련은 그 방향이 종종 미래와 과거를 향해 있었던 반면, 불교의 명상 수련은 (언제나 그런 것은 아니지만) 흔히 감각 차원에서 '지금 여기'의 특정 측면에 더 주의를 기울이는 훈련이다. 두 철학의 이런 차이점은 불교가 좌선 명상에서 '호흡에 대한 알아차림'을 계발할 것을 강조하는 데서 가장 극명히 드러난다. 호흡에 집중하는 것은 사마디('고요한 머묾')를 계발하고[52] 마음이 산만해지는 성향을 줄이는 데 매우 중요하며, 틱낫한이 말하듯이 그 점에서 반드시 필요하다. "집중이 충분하지 않으면 당신은 명상 대상에 대한 통찰을 얻을 정도로 강해질 수 없다."[53] 이를 비롯한 여러 가지 이유로 불교인은 좌선 명상에서 '호흡에 대한 마음챙김'을 수련한다. 좌선 명상은 집중을 키우고 마음의 작용에 대한 통찰을 얻는 데 전념하는 시간이다. 또 불교에서는 호흡의 질과('우리의 들숨과 날숨은 부드럽고 가볍게 흘러야 합니다') 호흡의 질이 마음 상태에 미치는 영향도 강조하는데('호흡이 미세해질수록 우리의 몸과 마음은 더 평화로워질 것입니다')[54] 스토아철학에서는 이런 것을

---

52 Thich Nhat Hanh (2006a), 37.

53 2005a, 112.

찾아볼 수 없다.

　이런 차이점은 그 밖의 다른 마음챙김 수련을 살펴볼 때 더욱
분명히 드러난다. 예컨대 게송 암송은 호흡에 대한 알아차림과 더불어
분명히 일정 정도의 개념화를 수반하지만 이것은 틱낫한의 접근
방식에 고유한 수련이다. 가령 (잭 콘필드가 속해 있는) '통찰 명상'
전통에서는 알아차림 자체를 계발할 것을 더 강조한다. 자신의 생각과
감정을 친절의 마음으로, 자동반응하지 않으면서 품어 안는 알아차림
의 능력을 더 강조하는 것이다. 이 사례에서 콘필드는 마음챙김을
이렇게 정의한다. "마음챙김은 판단하지 않으면서 존중하는 알아차림
이다. … 마음챙김은 자신이 하는 경험을 거부하지 않는다. 마음챙김
은 나의 경험이 나를 가르치는 교사가 되게 하는 것이다."[55] 이런
종류의 명상은 호흡을 알아차림의 주 대상으로 두는 한편, 의도적이고
개념적인 생각은 알아차림의 대상으로 삼지 않는다. 이 방식에서는
게송도 사용하지 않는다. 생각, 감정, 신체 감각은 마음의 주의를
호흡에서 앗아갈 것이다(주의를 기울이는 마음의 능력은 고대 불교의
텍스트에서는 원숭이에, 오늘날 텍스트에서는 강아지에 비유된다!).[56] 생각,
감정, 신체 감각은 주의 기울임의 대상이 그 순간의 호흡 감각이라는
것을 수행자의 마음이 새기기 전까지는 수행자의 주의를 계속해서
잡아끌 것이다. 이때 수행자는 자신의 마음에 무엇이 있는지 친절한

---

54 Thich Nhat Hanh (2006a), 39.

55 2008, 96, 101.

56 Gunaratana (2002), 155.

알아차림으로 관찰한 다음, 호흡 감각으로 주의를 되돌리는 식으로 집중력을 키운다.[57] 이 과정에서 특정한 생각 패턴의 내용에 대한 알아차림이 매우 커지는데, 이렇게 해서 시간이 지나면 바람직하지 못한 생각 패턴을 내려놓고 그 자리에 보다 바람직한 생각 패턴을 키워갈 수 있다.[58] 마음은 이제 더 커진 집중력으로 더 수월하게 바람직한 방향으로 향할 수 있다.[59] 맥마흔(McMahan)은 이 과정을 이렇게 설명한다.

우선, 한발 떨어져 자신의 마음을 관찰한다. 생각이 일어나면 그것을 알아보고 때로는 거기에 명칭을 붙여본다. 그런 다음, 마음의 패턴과 신념, 습관적인 감정 반응에 점차 익숙해지면 마음이 작용하는 과정에 대해 통제권을 얻을 수 있고, 마음 과정 자체의 본성에 대한 통찰을 얻어 그것을 변화시킬 수도 있다.[60]

그러나 스토아철학에서는 마음에 대한 이런 종류의 경험적 탐구를 찾아볼 수 없다. 따라서 불교의 명상 수련이 경험의 모든 측면, 즉 감각 차원과 개념적 마음의 차원 모두와 관계를 맺는다면, 스토아철학의 수련은 주로 개념적 마음의 차원과만 관계를 맺는다고 할 수

---

57 Jack Kornfield (2008), 107-109.

58 Jack Kornfield (2008), 141-143.

59 Jack Kornfield (2008), 323-325.

60 2008, 202-203.

있다. 스토아주의자라면 불교의 수련이 마음 패턴에 대한 자각력을 키워준다는 점에서 자신의 '큰 그림' 접근 방식에 도움을 준다고 알 것이고, 불교인이라면 '바로 지금'보다 '현재' 자기 삶에서 일어나는 일에 대한 '큰 그림'의 알아차림을 키우는 시간을 따로 마련하는 것이 유용하다고 여길 것이다.

결론

전체적으로 스토아철학과 불교의 두 전통 사이에는 명상 수련과 영적 훈련에 관하여 방법상의 상당한 차이점이 실제로 존재한다. 그런데 이것은 불교의 수행법이 (서양불교에서조차) 그 기원을 여전히 동양에 두어야 한다는 점에서 그리 놀라운 일은 아니다. 그렇지만 우리는 다음과 같은 맥마흔의 말에 주목해야 한다. "일과 가족, 사회적 삶과 정치적 삶이라는 오늘날 삶의 복잡한 질곡에 지혜롭게 응대하는 데 불교의 마음챙김 기법을 활용하는 것에는 아이러니한 면이 있다. 그것은 이 기법들이 처음에 이런 세속의 생활을 표면적으로 포기한 비구들에 의해 개발되었다는 점이다."[61] 이 점에서 서양 불교인이 자신의 명상 시간에 임하는 '정신' 또는 마음가짐은 가정, 직장, 사회생활을 영위해야 하는 스토아주의자의 태도와 다르지 않다. 두 철학 모두 명상 시간 또는 성찰의 시간이 사회에 기여하는 부분을 준비하는

---

61 2008, 218.

과정이라는 데 생각을 같이한다.

그리고 두 철학 모두에는 우리에게 일어나는 생각을 잘 방어해야 한다는 감각이 존재한다. 앞서 틱낫한이 언급한 알아차림의 절체절명의 성격은 에픽테토스의 다음과 같은 권고에도 드러난다. "스토아주의자는 아침에 일어날 때부터 자신에게 일어나는 생각을 유심히 지켜보고 방어하며 자신에게 닥치는 모든 상황에 자신의 원칙을 적용해야 한다."[62] 그런데 이런 전체적 과정에서 더 중요한 점은, 마음에 일어나는 생각이 그 사람을 규정짓지 '못한다'는 분명한 감각이 존재한다는 것이다. 대신에 그 사람은 자신을 도덕적 알아차림 또는 '도덕적 자아'로 간주한다. 이런 접근 방식은 어떤 생각이 유용하며, 어떤 생각이 유용하지 않은지 아는 것을 강조한다. 그리고 이를 토대로 적절히 자아를 형성해 가는 능력을 강조한다. 스토아철학 연구자 앤서니 롱과 잭 콘필드는 이 점을 잘 보여준다.

우리는 우리에게 그저 일어날 뿐인 감각인상을 통제할 수 없다. … 우리가 할 수 있는 것은 그 정보를 어떻게 해석하느냐, 그리고 우리가 그 정보에 어떤 진실성과 가치를 부여하느냐다.[63]

건강하지 못한 생각은 우리를 과거에 붙들어 맨다. 그런 생각은 위빠까(vipaka)로서 일어나는데, 바꿀 수 없는 과거에 지은 업의

---

62 *Discourses*, 1.4.20.

63 2002, 211.

결과를 말한다. 그러나 우리는 우리에게 일어나는 해로운 생각을 현재 순간에 변화시킬 수 있다.[64]

이런 식으로 스토아주의자와 불교인은 각각 어느 정도의 자유로움으로 자신의 마음에 다가갈 수 있다. 처음에 일어난 생각 패턴은 그대로 남아 있지만, 자신이 그 생각에 의해 '규정될' 필요는 없다는 것이다. 대신에 도덕적이고 바람직한 방향으로 옮겨갈 가능성이 언제든 존재한다. 이번 장에서 보여주었길 바라는 것처럼, 스토아주의자와 불교인은, 적어도 스스로 영향을 줄 수 있는 만큼에서, 자신의 자아를 자유롭게 '창조할' 수 있다. 스티븐 배철러는 이렇게 적었다. "지금 현재 순간의 세세한 부분에 주의를 기울임으로써, 그리고 과거를 떠올리지 않고 미래를 계획하지 않는 것을 선택함으로써, 당신은 지금 특별하고 의도적인 방식으로 '자신을 창조하는' 과정에 들어서고 있다."[65] 우리의 논의에 비추어 볼 때, 스토아철학과 불교에서는 일상의 삶을 지루하고 단조로운 방식으로 바라볼 여지가 조금도 없다는 점이 분명하다. 오히려 '그러지 않았다면 평범했을' 일상의 삶은 그 자체로 우리가 걸어야 할 '길'이 된다.

---

64 2008, 304.
65 1997, 71.

3장 연민의 마음 계발하기

포도덩굴은 일단 포도를 맺고 나면 더 이상 아무것도 구하지 않는다. … 마찬가지로 훌륭한 사람은 한 가지 행동을 훌륭히 행한 다음 그에 관해 사방에 떠들어대는 일 없이 바로 다음 자신이 행할 훌륭한 행동에 착수한다. 마치 적절한 때에 포도덩굴이 포도를 맺는 일에 착수하듯이.

– 마르쿠스 아우렐리우스, 『명상록』 5.6.

다른 사람을 위해 행동할 때조차
놀라움이나 자만의 감각이 조금도 일어나지 않는다.
나 스스로 먹이를 주면서도
보답으로 아무것도 기대하지 않는 것과 같다.

– 샨티데바, 『보살의 길』 8:116.[1]

102

스토아철학과 불교는 우리로 하여금 일종의 '이타적 흐름' 속에 살도록 영감을 주며, 우리가 발견할 수 있는 최상의 행복은 역설적이게도 자신을 '잊고' 타인에게 집중할 때 찾아온다고 말한다.

그러나 붓다는, 그리고 스토아철학의 창시자인 제논도 이와 다른 결의 말을 했다.

마음으로 온 천지를 다녀보아도 자신보다 더 귀한 자를 어디에서도 찾을 수 없다네.[2] - 붓다

모든 살아있는 존재에게 가장 최우선이며 가장 귀한 대상은 바로 자신의 존재 그리고 그 존재의 의식이다.[3] - 제논

두 인용구 모두 자기 돌봄의 중요성을 강조하고 있다. 그렇다면 스토아철학과 불교에서 이타적 행동이 선을 실천하는 삶에 얼마나 중심적인 역할을 하는 것일까?

자신에 대한 관심과 타인에 대한 연민의 관계

자신에 대한 관심이, 그것을 바르게 이해했을 때, 어째서 타인에

---

1 From Batchelor (1997), 84.

2 *Samyutta Nikaya (The Kindred Sayings)*, 3:8.

3 Diogenes Laertius, *Life of Zeno*, 52.

대한 연민으로 자연스럽게 연결되는지 보여주는, 불교와 스토아철학
이 본질적으로 공유하는 몇 가지 방식이 있다.

우선, 자신을 귀한 존재로 여기는 것은 '오직' 자기 자신에 대한
중요성만을 갖는 심리적 토대가 아니다. 왜냐하면 '다른' 모든 사람도
자신에 대해 그와 똑같이 느끼기 때문이다. 위의 붓다의 인용문을
끝까지 완성하면 이렇다. '누구나 자신을 가장 귀하게 여긴다. 따라서
자신을 사랑하는 자는 타인에게 해를 입혀서는 안 된다.' 마찬가지로
키케로는 스토아철학을 설명하면서 이렇게 말한다. "어떤 이가 사람
이라는 단순한 사실로 인해, 다른 사람을 자신과 무관한 존재로 여기지
말아야 할 의무가 생긴다."[4] 만약 우리가 자기 돌봄에 대한 자신의
필요를 참되게 이해한다면 다른 사람에게 해를 입히지 않을 것이다.
왜냐하면 모든 사람이 인간됨이라는 공통 원칙이 작용하는 동일한
인간적 처지에 있기 때문이다.

둘째, 우리가 인간으로서 지닌 본성을 고려할 때 무엇이 '최선의'
삶의 방법인지 찾아야 하는 필요성이 존재한다. 스토아철학자들에게
있어 인간은 사회적 존재이며 그 결과로 덕은 본질적으로 사회적인
성격을 지닌다. 우리가 타인을 위한 관심에서 행동할 때 덕은 가장
'활발하게' 작용한다. 이런 식으로, 덕을 따름으로써 우리는 자신의
사회적 본성을 충족시킨다. 에픽테토스는 이런 생각을 이렇게 압축해
표현했다.

---

4 Cicero, *On Ends*, 3.63.

제우스는 만약 이성적 동물이 공동의 이익을 위한 무언가를 제시하지 않으면 자신의 적절한 선善을 조금도 성취하지 못하도록 그의 본성을 준비해 놓았다.[5]

생물학적으로 말해 우리는 '타인'에 관여할 때 '우리'에게 가장 최선인 것을 발견할 수 있도록 자연에 의해 '만들어졌다'(에픽테토스가 여기서 '제우스'로 칭한 그것은 모든 살아있는 생명체에 깃든 신성한 원리로서 스토아철학에서 말하는 '자연'과 같은 의미다). 스토아철학에서 '자기'란 고립된 실체가 아니라 본질적으로 '사회적인 자기'를 말한다. 나에게 유익한 것은 '사회적 존재로서의' 나에게도 유익하다.

스토아철학은 이런 생각을 더 밀고 나간다. 스토아철학자들은 우리 모두가 사회적 존재일 뿐 아니라 우리는 누구나 인류라는 몸의 '팔다리'와 같다고 본다. 우리들 각자가 인류라는 몸의 '팔다리'라면 공동의 선에 기여할 때 곧 우리가 그 일부를 이루고 있는 전체에 기여하는 것이 된다. 마르쿠스는 이렇게 말한다. "우리는 마치 양발, 양손, 눈꺼풀, 아랫니와 윗니처럼 함께 일하도록 만들어졌다."[6] 나아가 그는 자신을 모든 이성적 존재들로 이루어진 공통된 몸의 팔다리로 여긴다고 말한다.[7] 마찬가지로 에픽테토스는 이렇게 적었다. "현명한 자는 신으로부터 존재의 씨앗이 내려왔음을 안다. 그 씨앗은 자신의

5 *Discourses*, 1.19.13-14.

6 *Meditations*, 2.1.

7 *Meditations*, 7.13.

아버지나 할아버지에게만이 아니라 지구상에 태어난 모든 존재에게
로 내려왔다."[8] 궁극적으로 이러한 이해는 국적이나 인종과 무관하게
모든 인류를 포괄한다. 실제 수련에서 이것은 인류 공동의 선을 위해
노력하는 것은 곧 우리의 손이 신체 공통의 선을 위해 노력하는
것과 같다는 의미다. 에픽테토스는 이런 생각이 우리 안에 고취하는
이런 종류의 태도를 다음과 같이 말한다.

> 어떤 것도 개인적 이익의 문제로 다루지 말라. 어떤 것도 동떨어진
> 단위로 계획하지 말라. 대신에 마치 발이나 손처럼 행동하라.
> 만약 발이나 손이 이성의 능력을 가졌고 자연의 구성을 이해한다면
> 그것은 전체를 기준으로 삼는 것 외에 어떤 식으로도 선택을 내리지
> 않을 것이며 욕망을 부리지도 않을 것이다.[9]

불교에도 '사회적 자아'를 갖는 것에 관하여 이와 유사한 사상이
있다. 이것은 '상호적 관계'라는 생각으로 특히 틱낫한에게서 발원한
생각이다. 어느 시에서 틱낫한은 이렇게 말한다.

> 당신이 나이며, 내가 당신이에요.
> 우리가 '사이-존재'라는 건 분명하지 않나요?
> 당신이 당신 안의 꽃을 키워낼 때

---

8 *Discourses*, 1.1.4.
9 *Discourses*, 2.10.4.

내가 아름다워져요.
내가 내 안의 쓰레기를 변화시킬 때
당신은 괴로움을 겪지 않아요.[10]

누구도 '진공상태'에서 행동할 수 없다. 우리의 모든 행동은 사소한 방식이라도 어떻게든 다른 사람에게 영향을 미친다. 이것은 원인과 결과라는 단순한 사실이다. 불교에서 우리는 자동적으로 타인에게 영향을 주는 사건의 연결고리에 묶인 존재이다. 이로써 우리는 서로 간의 '사이에 존재하는' 사이-존재이다. 스토아철학에서 자아가 본질적으로 '사회적' 자아인 것처럼, 불교에서도 자아는 본질적으로 '서로 연결된' 자아이다.

'상호 관계(inter-relationship)'라는 불교 사상은 '사이-존재(inter-being)'라는 불교 사상과도 연결이 된다. 가장 현대적인 형식의 불교를 연구하는 학자인 맥마흔은 사이-존재의 '공식'을 이렇게 설명한다. "어떤 X도 완전히 비非X적인 요소들로 이루어져 있다."[11] 이 점에서 틱낫한은 종이 한 장도 종이와 다른 성질의 요소가 없이는 존재할 수 없다고 말한다. 그의 설명을 이렇게 요약할 수 있다.

이 종이는 나무가 필요하며, 나무는 비가, 비는 구름이 필요하다.
이 종이 한 장은 벌목꾼이 필요하며, 벌목꾼은 먹을 음식이 필요하

---

10 1999, 154.
11 2008, 174.

다. 음식을 위해서는 벌목꾼의 어머니도 필요하다. 그리고 이
모든 요소가 존재하려면 햇볕도 필요하다.[12]

틱낫한은 이렇게 적으며 이야기를 마무리한다. "이 종이 한 장이
아무리 얇아 보여도 거기에는 우주의 모든 것이 담겨 있다."[13] 이것은
전에 없던 새로운 불교적 생각이며, 서양불교에 독특하게 나타나는
생각이다. 그러나 이런 새로운 생각을 낳은 원류는 어떤 것에서도
고정된 '본유적' 존재를 찾을 수 없다는 무아(anatta)의 불교 개념과
'이것이 있기에 저것이 있다'는 상호의존적 연기緣起 사상이다. 이
관점에서 볼 때 세상에 존재하는 어떤 것도 완전히 독립된 개체로
존재하지 않는다.

여기서 중요한 것은, 이런 관점에는 우리 인간도 포함되며, 따라서
이것은 우리가 자신을 어떻게 이해하고 타인과 어떤 관계를 맺을
것인가에 관하여 특별한 의미를 갖는다는 점이다. 한 개인은 더 이상
한 명의 개인이 아니라 '비개인적'인 요소들로 이루어져 있다. 이
점에서 우리는 인간을 더 큰 생명의 인과적 그물을 이루는 일부로
보아야 한다. 마치 (완전히 똑같은 방식은 아니라 해도) 스토아주의자가
자신을 인류라는 공통 신체의 '팔다리'로 보듯이.

그런데 실제로 이런 '사이-존재' 사상은 불교인으로 하여금 자신이
인류라는 신체의 '팔다리'라고 느끼도록 이끈다. 실제로 틱낫한은

12 1995, 95-96.
13 1995, 96.

타인을 향한 '무차별' 또는 '비이원성'[산스크리트어로 아드바이타 (advaita)라고 한다]의 개념을 설명하기 위해 이와 유사한 생각을 차용한다.

> 어느 날 못질을 하다가 오른손을 잘못 놀려 그만 손가락을 찧고 말았다. 오른손은 망치를 내려놓고 아주 정성껏 왼손을 보살폈다. 마치 자기 손인 것처럼. 이때 오른손은 이렇게 말하지 않았다. "왼손아, 내가 널 지극히 보살핀 걸 잊지 말고 나중에 갚아야 해." 오른손은 이런 생각을 조금도 품지 않았다. 또 왼손도 이렇게 말하지 않았다. "오른손아, 네가 나를 아주 아프게 했지? 그 망치 이리 다오. 똑같이 해줄게." 나의 두 손은 자신들이 한 몸의 일부라는 걸 알고 있다. 둘은 서로 속에 있다.[14]

이런 생각을 토대로 틱낫한은 오늘날의 이스라엘-팔레스타인 분쟁이 이런 분별심에서 기인했다고 본다. 그리고 이런 분쟁은 두 나라 사람이 궁극적으로 '나의 두 손과 마찬가지로 서로가 형제자매'라는 사실을 깨닫는다면 사라질 것이라고 한다.[15] 신체에서 팔다리가 없어서 안 되는 부분이듯이, 인류 전체에 있어 각각의 민족도 그것을

---

14 틱낫한의 미국 의회 연설(2003): https://plumvillage.org/letters-from-thay/ thich-nhat-hanh-addressto-us-congress-september-10-2003/.

15 틱낫한의 미국 의회 연설(2003): https://plumvillage.org/letters-from-thay/ thich-nhat-hanh-addressto-us-congress-september-10-2003/.

구성하는 필수적인 부분이다.

인류 공동체

우리가 이야기하고 있는 이런 생각으로부터 자연스럽게 도출되는 결론은 인류 전체를 일종의 '인류 공동체'로 보는 것이다. 에픽테토스는 이것을 이렇게 말한다.

신과 인간의 공통 기원에 관한 철학자들의 말이 진실이라면 어디 출신이냐는 사람들의 질문에 소크라테스가 건넨 답 외에 인간에게 어떤 다른 방법이 남겠는가. 소크라테스는 그런 질문에 "나는 아테네 사람이오." "나는 코린트 사람이오."가 아니라 "나는 세계 시민이오."라고 답했다.[16]

틱낫한도 다음의 베트남 속담을 들어 이와 동일한 메시지를 전한다. "같은 어미에서 난 병아리들이 자기 얼굴에 색을 칠한 채 서로 싸움을 벌인다."[17] 이런 정서는 우리가 공통의 인간성을 공유한다 해도 특정 인간 집단이 스스로를 다른 집단과 다르다고 여겨 분쟁을 일으킬 수 있음을 보여준다. 틱낫한은 위에 든 에픽테토스의 말에 공명하며 이렇게 적는다.

16 *Discourses*, 1.9.1-2.
17 1995, 118.

같은 어미에서 난 병아리들이 얼굴에 칠한 색을 지우고 서로가 형제자매임을 알아보는 때는 언제일까? 그 위험을 끝낼 수 있는 유일한 방법은 우리들 각자가 그렇게 하는 것이며, 다른 사람들에게 이렇게 말하는 것이다. "나는 당신의 형제입니다." "나는 당신의 자매입니다." "우리는 모두 인간입니다. 우리의 생명은 하나입니다."[18]

지금까지 살펴본 사상들로부터 나는 자아에 대한 불교의 관심과 스토아철학의 관심이 자연스럽게 타인에 대한 배려로 이어진다는 사실이 분명해졌기를 바란다. 우리가 본 것처럼, 이것은 두 철학 모두 자아를 개별적 개체로 보지 않기 때문이다. 우리는 다른 사람과, 그리고 우주와 다양한 방식으로 연결되어 있다. 우리는 자연의 일부이며, 자연의 일부로서 인간이라는 몸의 일부이기도 하다. 우리는 우리 바깥의 많은 요소들로 이루어져 있으며, 그 요소들은 우리를 세상과 타인, 전체로서의 자연과 연결시켜 준다. 우리가 우리 자신에 관한 이런 '큰 그림'을 갖고 분리된 개체가 아님을 진정으로 이해할 때 자신을 위한 돌봄의 욕구는 자연스럽게 자신의 바깥을 향하여 확장될 것이다.

　나아가 우리는 사회적 존재이며 이 사실로 인해 우리가 타인을 위한 염려에서 행동할 때 자동으로 그로부터 이로움을 얻는다. 이 점에서 잭 콘필드는 이렇게 적었다. '자연스럽게 일어나는 관대한

18 1995, 119.

생각을 찾아보고 그것을 따르라. 그러면 그것은 틀림없이 당신을 행복하게 해줄 것이다.' 마찬가지로 마르쿠스 아우렐리우스도 이렇게 적었다. "이로움을 얻는 것에 싫증내는 사람은 없다. (남에게) 이로움을 주는 것은 자연에 따르는 행동이다. 그러니 타인에게 이로움을 베풂으로써 이로움을 받는 일에 결코 싫증을 내지 않도록 하라."[19] 인간으로서 우리의 선함은 타인을 위한 배려에 굳건히 자리 잡고 있다. 타인을 위한 배려는, 모든 인간에 깃든 불가분의 연대와 우리 인간이 본래적으로 사회적 존재라는 사실로 인해 실제로는 자신을 위한 배려이기도 하다. 나 자신을 돌봄에 있어 나는 나의 '자아'가 본래적으로 사회적 자아임을 떠올린다. 이런 식으로, '자기를 위함(selfishness)'이 역설적이게도 '이타심(selflessness)'으로 나타난다.

마음을 연민에 향하다

스토아철학과 불교의 두 철학 모두에, 타인을 향한 배려의 마음을 지속적으로 계발하는 유사한 마음 훈련이 있다. 불교에서는 이것을 멧따(자애) 수행이라고 부르는데 모든 살아있는 존재를 향한 선한 바람을 키우는 것을 목표로 한다. 그런데 자애 수행은 자신에게 먼저 자애를 보내는 데서 시작한 다음 자기 바깥으로 향한다. 자애 수행자는 먼저 다음과 같은 구절을 속으로 되뇐다.

---

19 *Meditations*, 7.74.

내가 연민의 마음을 갖기를. 나의 고통과 슬픔이 가벼워지기를.
내가 평화롭기를.[20]

그런 다음 이 구절 속의 '나'를 '사랑하는 사람, 친구, 이웃, 상대하기
어려운 사람, 원수, 그리고 마침내는 형제자매와 마찬가지인 모든
존재들'로 바꿔 암송한다.[21] 히에로클레스(Hierocles)라는 스토아철학
자의 글에서 우리는 이와 유사하게 '동심원'을 비유로 사용해 불교와
비슷한 영적 훈련을 하는 장면을 찾아볼 수 있다. 이 동심원에서
나의 마음은 하나의 원을 형성하며, 바로 바깥의 원은 나의 직계
가족을 상징한다. 또 그 다음 바깥 원은 형제자매를, 그 다음 원은
삼촌 숙모를 상징한다. 이런 식으로 자신이 사는 도시, 국가, 그리고
마침내는 인류 전체로 확장한다.[22] 이러한 마음 훈련의 측면은 다음과
같은 스토아철학의 의식적인 결단에서 비롯한다. "그 원들을 중심으
로 끌어오라. 원 바깥에 있는 자들을 원 안으로 계속해서 열심히
끌어오라."[23] 이런 식으로 스토아철학의 수련과 불교의 멧따 수련,
즉 자애 명상 사이에는 눈에 띄는 유사점이 존재한다.

---

20 Kornfield (2008), 34.

21 Kornfield (2008), 34.

22 *Hierocles, from. Stobaeus* 4.671, 7-673, 11 (Long & Sedley, *Hellenistic Philosophers*, 57G).

23 *Hierocles, from. Stobaeus* 4.671, 7-673, 11 (Long & Sedley, *Hellenistic Philosophers*, 57G).

사회 속의 스토아주의자와 불교인

우리가 가장 먼저 해야 할 일은 우리 자신을 회복하기 위해, 최선의
우리가 되기 위해 우리 자신으로 돌아오는 것입니다. … 우리는
사회가 우리를 집어삼키도록 놓아두지 않기 위해서라도 우리의
일상을 다시 짜야 합니다.[24] - 틱낫한

자신의 자아로 침잠하는 것은 중요하다. 자신과 다른 종류의 사람
과 어울리면 정연했던 생각이 흐트러지고, 욕정이 다시 고개를
쳐들며, 아직 충분히 치유되지 않은 마음의 고민이 더 악화된다.
그럼에도 두 사람은 결합해야 하며, 교류해야 한다. 어느 정도는
고독 속에서, 또 어느 정도는 서로 어울리면서.[25] - 세네카

스토아철학과 불교 모두, 사회 속에 지내는 시간에 잡아먹히지 않기
위해 자신을 위한 시간과 사회 속 시간을 번갈아 갖기를 권한다.
삶은 활동적 참여와 자기성찰 사이의 균형에 관한 것이기 때문이다.
　스토아주의자와 불교인에게, 우리가 일상의 삶에서 타인과 어떻게
교류하는가 하는 것은 매우 중요한 문제이다. 틱낫한은 이렇게 말한
다. "우리의 일상생활, 즉 우리가 먹고 마시는 방식은 세계의 정치
상황과도 연결됩니다."[26] 나아가 불교에서 명상 수련은 일반적으로

---

24 1998, 36.
25 Seneca, *On Tranquillity*, 17.

점점 더 다른 사람에게 초점을 맞추어 왔다. 왜냐하면 명상이란 타인을
더 잘 돕기 위해, 그리고 지구적 차원에서 인류가 가진 문제의 뿌리를
이해하기 위해 자기 안에 자리 잡은 부정적인 면을 이해하고 변화시키
는 수단으로 인식되기 때문이다. 잭 콘필드에게 명상이란 "특권이
아니라 의무이다."[27] 틱낫한은 이렇게 말한다. "우리가 명상을 하는
것은 사회로부터 달아나기 위해서가 아니라 사회 속으로 다시 들어갈
준비를 하기 위해서입니다."[28] 이런 식으로 명상을 바라보는 것을
두고 스티븐 배철러는 '글로벌화된 상호의존적 세계가 겪고 있는
고통에 응답하는 공감의 윤리학'이라고 말한다.[29]

마찬가지로 세네카도 사회 전반을 바꾸기 위해 우리가 잘 살아야
하는 중요성에 대해 이야기한다. "우리의 시도는 우리의 삶의 방식을
대중의 방식에 반하는 것이 아니라 그보다 더 낫게 만드는 것이어야
한다. 그러지 않으면 우리는 자신으로부터 돌아서서, 우리가 향상시
키고자 했던 사람들을 내팽개치게 될 것이다."[30] 진정으로 자신이
통제할 수 있는 어떤 것에 모범을 보이는 것은 타인에게 긍정적인
영향을 준다. 세네카는 이렇게 적었다.

26 Thich Nhat Hanh (2005a), 77.
27 Kornfield (1988), 27.
28 2005a, 51.
29 1997, 112.
30 Seneca, *Letters*, 5.

훌륭한 시민의 노력은 결코 쓸모없지 않다. 그는 사람들의 말에 귀 기울이고 사람들을 살핀다. 그의 표정과 몸짓, 조용히 내리는 결단, 그의 걸음걸이 등 모든 것이 사람들에게 도움이 된다.[31]

결국, 아무리 사소한 행동일지라도 이를 포함한 모든 행동이 중요하다. 불교인은 이렇게 말한다. "손뼉을 한 번 치더라도 그 효과는 어느 곳이든 이를 수 있다. 심지어 먼 은하수에 이를 수도 있다."[32] 마찬가지로 스토아주의자도 "한 사람의 현자가 가만히 손가락을 펴면 세상의 모든 현자들이 이로움을 얻는다."[33] 이처럼 우리가 하는 모든 행동에는 물결 효과가 있다.

불교와 스토아철학 둘 다, 우리가 사는 사회 일반에 여러 가지 우려스러운 면이 존재한다고 본다. 그런데 이런 면들은 삶에서 진정으로 중요한 것에 관한 잘못된 가치 판단이 반영된 결과이다. 그렇지만 이 사실은 또한 우리가 사회를 더 좋은 곳으로 만들고자 노력해야 함을 의미한다. 불교에서는 마음의 독약이 세 가지가 있다고 보는데 (탐욕, 성냄, 어리석음) 이것들은 단지 각각의 개인이 이겨내야 할 문제만은 아니다. 배철러가 말하듯이 "이 욕동들은 지구상 대다수 사람들의 삶에 영향을 미치는 경제와 군사, 정치 구조 자체에 스며 있다."[34] 콘필드도 이에 동의하며 이렇게 적었다. "지구적 차원에서

---

[31] Seneca, *On Tranquillity*, 4.

[32] Thich Nhat Hanh (2005a), 9.

[33] Plutarch, *On Stoic Self-Contradictions (De Comm. Not.)* 1086f.

어리석음은 불공정, 인종주의, 착취, 폭력이라는 현상으로 나타난다."[35] 마찬가지로 에픽테토스도 가치를 잘못 설정하지 않는다면 정쟁도, 압제도 없을 거라고 말한다.

> 인간에게 닥친 위험은 이것이다. '올바른 가치 판단이 무너질 때마다' 도시가 포위되어 파괴되는 이유도 바로 이것이다. 여자들이 납치당하고 아이들이 노예로 잡혀가며 남자들이 학살당한다. 이런 일은 정말 나쁘지 않은가?[36]

우리가 한 사람의 개별적 마음에서 보게 되는 문제들은 인간을 그린 큰 그림의 소우주에 불과하다. 인간으로서 우리는 명상을 할 때 자리에 가만히 앉아 자기 마음의 작용을 관찰하지 못한다. 이것이 인간이 서로에게 가하는 광범위한 파괴적 행위에 그대로 반영된다. 따라서 스토아주의자와 불교인은 그들이 따르는 길이 사회의 공익을 향한 노력에 기여해야 한다는 점을 인식한다.

스토아철학의 타인을 위한 배려 vs 불교의 타인을 위한 배려

붓다가 어느 날 상수제자로부터 다음과 같은 질문을 받았다. "우리

---

34 1997, 112.

35 2008, 26.

36 *Discourses*, 1.28.25.

가 하는 마음 훈련의 일부가 사랑과 연민의 마음을 계발하는 것이라고 말한다면 사실과 일치합니까?" 붓다가 대답했다. "아니다. 그렇게 말하는 것은 사실과 일치하지 않는다. 우리가 하는 마음 훈련의 '전부가' 사랑과 연민의 마음을 계발하는 것이라고 해야 사실과 일치한다."[37]

불교에서 연민은 매우 중요한 의미를 갖는다. 연민의 마음은 주로 상대방이 겪고 있는 괴로움의 본성을 이해하는 데서 일어난다. 틱낫한은 『네 번째 마음챙김 훈련(The Fourth Mindfulness Training)』이라는 책에서 이렇게 말한다.

괴로움의 본성을 깊이 들여다보면 연민의 마음을 계발할 수 있고 고통에서 벗어나는 길도 찾을 수 있다. 이를 깨닫고서 우리는 고통을 피하거나 고통 앞에 눈감지 않겠다고 다짐한다. 우리는 개인적 접촉, 이미지, 소리 등 고통 받는 사람과 함께하는 방법을 찾는 데 전념한다. 이렇게 해서 그들이 처한 상황을 깊이 이해할 수 있고 그들이 당하는 고통을 연민, 평화와 기쁨으로 변화시키도록 도울 수 있다.[38]

불교인은 상대방이 겪고 있는 고통에 직접 닿고자 하는데 그것은

---

37 From Feldman (1998), 19.
38 From Thich Nhat Hanh (2005a), 93.

상대방의 고통을 변화시키기 위해서다. 그러나 이렇게 하면 상대의 고통에 휩쓸릴 위험도 있다(이것을 '연민 피로'라고 한다). 이 점에서 틱낫한은 카루나('연민'을 의미하는 산스크리트어)에 대해 다음과 같이 적었다.

카루나는 대개 '연민'으로 번역되지만 정확한 번역어는 아니다. '연민(compassion)'은 com(함께)과 passion(고통을 겪다)의 두 단어로 구성된다. 그러나 다른 사람의 고통을 없애기 위해 우리가 반드시 고통을 겪어야 하는 것은 아니다. 가령 의사는 본인 스스로 질병에 걸리지 않고서 환자의 고통을 덜 수 있다. 우리가 너무 큰 고통을 겪는다면 거기에 억눌려 다른 사람을 제대로 도울 수 없을 것이다.[39]

타인을 향한 연민의 핵심은 상대의 고통을 덜어주되 자신은 그 고통으로 피해를 입지 않는 것이다. 에픽테토스도 비슷한 주장을 편다.

고통 받는 사람에게 당신의 말로써 공감하는 것을 주저하지 말라. 상황이 허락한다면 그와 함께 울어도 좋다. 하지만 당신이 속으로 흐느껴 우는 일은 절대 없도록 하라.[40]

---

39 1998, 172.
40 *Handbook* §16.

이 점에서 스토아주의자와 불교인은 깊은 차원에서 의견을 같이한다. '속으로 흐느껴 울면' 상대를 제대로 돕지 못할 위험이 있다. 실제로 틱낫한은 연민을 이렇게 정의한다. "고통을 덜어주고 변화시키며 슬픔을 가볍게 하려는 의도나 능력."[41] 이 정의에서 우리는 앤서니 롱이 스토아철학에 대해 내린 평가의 일단을 엿볼 수 있다. "스토아철학으로 사람들에게 위안을 주려는 자는 자신이 흥분하지 않은 상태에서 고통 받는 사람을 진정시키려고 해야 한다."[42] 타인에 대한 배려는, 위안을 주려는 자가 자기 내면의 강인함을 유지할 수 있는 지혜와 연결되어야 한다. 스토아철학에서 타인에 대한 관심이 적절한 효과를 내는 것은 매우 중요하다. 도움이 필요한 사람과 마주쳤을 때 우리는 지금 상황에서 '우리가 할 수 있는 일'이 무엇인지 떠올려야 한다. 어떤 행동이 실제로 이 상황에 도움이 될까? (설령 그 행동이 그저 연민의 마음으로 상대의 말을 들어주는 것이라 해도) 스토아주의자는 스스로 만든 허울 좋은 '덕의 거품' 속에 살지 않는다. 스토아철학에서 말하는 덕은 우리가 타인을 대하는 방식에서 가장 적극적으로 표현되며, 스토아철학의 주된 초점은 우리가 실제로 그 상황에 지혜롭게 영향을 미칠 수 있는 행동을 하는 데 있다. 스토아철학은 타인이 괴로움을 겪는 힘겨운 상황에 딱히 도움이 되지 않는 과도한 감정적 반응이나, 그와 반대로 무감각한 반응을 배제한다.

우리는 우리에게 해를 입히는 사람조차 이해하려고 노력해야 한다.

---

[41] *Handbook* §16.

[42] 2002, 253.

그들의 행동을 그저 용납하는 것이 아니라 무엇이 그 사람으로 하여금 그런 행동을 하게 만들었는지 알기 위해 노력해야 한다는 것이다. 마르쿠스 아우렐리우스는 자신에게 이런 조언을 건넨다.

누군가가 너에게 잘못된 행동을 할 때마다 즉시 자신에게 이렇게 물어라. '어떤 선과 악의 관념이 그 사람으로 하여금 그런 잘못을 저지르게 했을까?' 이 질문에 대한 답을 알았다면 너는 그를 가엽게 여길 것이다. 그에 대해 놀라움도 분노도 느끼지 않을 것이다.[43]

이것은 우리가 사람들과 맺는 관계에만 적용되는 것이 아니라 사회 전체를 상대로 잘못을 저지른 사람에 관하여 생각하는 데도 적용된다. 불교와 스토아철학은 특정인이 법을 어기고 잘못을 저지르는 이유, 그리고 그런 자들을 '재활'시키는 방법을 이해하는 데 비슷한 입장을 보인다. 에픽테토스와 틱낫한의 다음 두 구절은 이런 유사성을 잘 보여준다.

'이 도둑이나 간통자를 처형해야 하는가?' 당신은 분명, 이렇게 물어서는 안 된다. 대신에 이렇게 물어야 한다. '잘못을 저지른 이 사람, 무엇이 가장 중요한가에 관한 어리석음에 빠진 이 사람, 시력을 잃은 것이 아니라 무엇이 옳고 그른가에 관한 앎에 눈이 먼 이 사람을 사형에 처해야 하는가?'라고 말이다. 이렇게 물으면

---

43 *Meditations*, 7.28.

당신의 제안이 얼마나 비인간적인지 알 것이다. 이것은 마치 이렇게 말하는 것과 똑같다. '이 눈 먼 자, 이 귀먹은 자를 사형에 처해야 하는가?'[44] - 에픽테토스

상호의존적 연기의 관점에서 사형 제도를 보면 그런 극형이 합리적이지 않음을 알 수 있다. … 물론 우리에게 해를 입히는 사람을 용서하기란 매우 어려운 일이다. 그런 사람에게 우리가 가장 먼저 보이는 반응은 흔히 분노와 복수심이다. 그러나 상호의존적 연기의 관점에서 깊이 들여다볼 때, 만약 우리가 그 범죄자가 자란 대로 자라고, 그가 받은 대로 교육을 받고, 그가 겪은 대로 삶을 경험했다면 우리도 그와 크게 다르지 않았을 것임을 알게 될지 모른다. 이렇게 이해하면 그자에게 화를 내거나 복수심을 품기보다 그를 보호해야 한다고 느낄 수도 있다.[45] - 틱낫한

두 철학 모두에서, 범죄를 저지른 자는 그를 만든 주변 환경의 산물로 인식된다. 범죄자는 삶에서 진정으로 중요한 것에 관한 잘못된 가치를 그들 안에 심어놓은 주변 환경의 산물이라는 것이다. 따라서 처벌보다는 재활이 바람직하다. 에픽테토스는 이에 대해 다음의 해법을 제시한다. "그들 행동 방식의 잘못된 점을 그들에게 보여주라, 그러면 그들이 자신의 잘못된 행동을 즉각 내려놓는 것을 보게 될

---

44 *Discourses*, 1.18.5-7.

45 2006b, 202.

것이다."[46] 실제로, 어리석음에 이끌려 행동하는 어떤 사람에게 화를 낸다면 그것을 과연 적절한 반응이라고 할 수 있을까? 선에 관해 무지한 사람은 눈이 먼 자와 같다는 에픽테토스의 비유는 적절하다. 눈이 멀어 앞을 보지 못한다고 해서 그를 처벌하지 않는다.

그리고 만약 우리가 그와 똑같은 가정에 태어났거나 그가 겪었던 것과 동일한 고통을 겪었다면 우리도 그와 마찬가지로 '눈먼' 자가 되었을 가능성이 충분하다. 틱낫한은 해적에게 강간을 당한 어린 소녀에 관한 글을 읽으며 다음과 같은 깨달음에 이르렀다. "만약 내가 그 해적이 태어난 마을에 태어났고 경제와 교육 등에서 그와 비슷한 삶을 살았다면 지금 나도 그 해적처럼 되어 있을지 모른다. 한쪽에만 서는 것은 쉬운 일이 아니다."[47] 이런 종류의 연민의 마음을 내는 것이야말로 타인을 향한 불교적 배려심의 정점이다. 비록 그것이 우리에게 많은 것을 요구한다 할지라도 말이다(다시 말하지만 이것은 그 사람의 행동을 용납한다는 의미가 아니다. 우리들 각자는 자신의 행동에 책임을 져야 한다). 타인을 향한 불교적 배려심에는 잘못된 사회가 개인에게 부여한 잘못된 가치라는 비극을 이해하려는 태도가 들어 있다. 그리고 끝내 사랑받지 못한 개인의 내면화된 고통이라는 비극을 이해하는 태도도 들어 있다.

틱낫한이 쓴 아름다운 시의 제목은 '나를 나의 진짜 이름으로 불러주오'이다. 이 제목은 연민의 마음을 담은 이해심을 압축적으로 보여주

---

46 *Discourses*, 1.18.4.
47 1988, 31.

는데, 이 장의 마지막 구절로 적합해 보여 여기 소개한다.

나는 뼈만 남은 우간다 어린이
내 다리는 대나무 막대만큼 가늘어요.
나는 무기를 팔아요.
우간다에 살상무기를 팔죠.

나는 열두 살 소녀
작은 보트를 타고 온 난민이에요.
해적에게 강간당한 뒤
바다에 몸을 던졌죠.
그리고 나는 해적이에요.
내 가슴은 아직 볼 수도
사랑할 수도 없어요.

나는 중앙정치국 회원
손에 엄청난 권력을 쥐었죠.
나는 우리 국민들, 강제노동 수용소에서
서서히 죽어가는 우리 국민들에게 진
'피의 부채'를 갚아야 하는 사람

나의 기쁨은 봄과 같아 너무 따뜻하네.

124

그 기쁨은 온 지구의 꽃들이 피어나게 한다네.
나의 고통은 눈물의 강과 같아 너무 넓다네.
너무 넓어 4대양을 가득 채운다네.

나를 나의 진짜 이름으로 불러주오,
나의 모든 울음과 웃음을 한 번에 들을 수 있도록
나의 기쁨과 고통이 하나임을 볼 수 있도록

나를 나의 진짜 이름으로 불러주오,
내가 깨어날 수 있도록
그리하여 내 가슴의 문이
활짝 열린 채 있을 수 있도록
연민의 문이 열릴 수 있도록.[48]

1999, 72-73.

결론

나는 이 짤막한 책이 현대세계에서 점점 더 유용하다고 여겨지는 스토아철학의 일면과 서양에서 흔히 수련하는 불교 사이에 상당한 유사점이 있다는 사실을 보여주었기를 바란다. 그리고 이 지점에서 나는 불교와 스토아철학의 지속적인 응용이 가진 성격에 대해 마지막으로 고찰해 보려 한다. 또 각각의 철학이 어떤 방식으로 서로에게 배움을 얻을 수 있을지 생각해 보고자 한다. 그리고 이 과정에서 두 철학을 함께 수련하고자 하는 사람에게 유용한 성찰을 제공할 수 있었으면 한다.

응용 과정에 있어서의 유사점

많은 서양의 불교 지도자들이 우리(서양)의 전통에 공명하는 텍스트에 본능적으로 이끌리는 듯 보이는 것은 어떤 의미에서 그리 놀라운 일이 아닙니다. 놀라운 것은, 불교 지도자들 대부분이 자신이 그렇게 하고 있다는 사실을 자각하지 못하고 있다는 사실입니다. -스티븐 배철러(이메일 교신)

앞서 보았듯이 서양불교는 불교 원전 텍스트를 사용하는 데 매우 선택적이다. 서양불교는 개인적 탐구를 장려하는 텍스트와 더불어, 서양불교가 지닌 매우 실용적이며 연민 중심의 성격에 특히 공명하는 텍스트나 인용구만을 논의하는 경향이 있다. 붓다의 원래 가르침인 빠알리 경전을 통독하는 현대의 불교인을 찾기란 쉽지 않다(자기 종교의 기본 텍스트에서 거의 언제나 영감을 구하는 기독교 등 '책의 종교'를 따르는 사람들과 비교해 보라). 대신에 오늘날 서양에서 불교인이 된다는 것은 대개의 경우 붓다의 말이 아니라 현대 불교지도자들의 지혜를 읽는 것을 의미한다. 위에서 스티븐 배철러가 말했듯이, 그들 지도자 가운데 많은 이가 왜 자신이 특정 원전을 택했는지 자각하지 못하는데도 말이다.

스토아철학에도 이와 비슷한 일이 일어나고 있는지 모른다. 현대의 스토아주의자 가운데는 스토아철학의 고대 텍스트를 가장 우선적으로 읽는 이도 있지만, 스토아철학이 인기를 얻으면서 점점 많은 스토아주의자가 현대 작가들의 작품을 주로 읽는다. 그중에서도 도널드 로버트슨, 윌리엄 어빈, 마시모 피글리우치, 라이언 홀리데이 등이 쓴 책은 현대 스토아주의자들에게 '필독서'와 같다. 스토아철학을 주제로 글을 쓰는 대부분의 현대 작가들은 (이해할 만하게도) 고대 스토아철학이 지닌 신 중심적 성격을 평가 절하하는 경향이 있으며, 스토아철학에서 덕이 지닌 핵심적 중요성을 낮잡아 보는 작가도 일부 존재한다. 그런데 이런 적용 과정에서 생기는 위험성이 있다. 그것은 삶에서 진정으로 중요한 것에 관해 직설적인 질문을 던지는 스토아철학이 단지 우리의 필요에 맞춘 어떤 것으로 전락할 수 있다는 점이다. 스토아철학이 우리로 하여금 삶의 목적에 대해 처음부터 다시 생각하게 하는 것이 아니라, 우리가 미리 정해 놓은 목표에 응하는 어떤 것으로 쪼그라들 수 있다는 말이다.

그러나 적용의 과정은 한편으로 건강한 과정이다. 적용은 그것이 살아 숨 쉬는 철학임을 보이는 징표이다. 적용의 과정이 없으면 체계는 딱딱하게 굳어 경직되며, 그 의미를 잃고 만다. 게다가 스토아철학과 불교 모두 그 자체의 성격상, 적용을 요구한다. 배철러는 '무아'와 무상이라는 불교의 핵심 사상은 불교 자체에도 적용된다고 했는데, 내가 보기에 그의 말은 옳다. 불교는 고정된 본질을 가지고 있지 않으며, 불교 역시 우주의 다른 모든 것과 마찬가지로 변화에 내맡겨지는 수밖에 없다. 마찬가지로, 변화가 핵심 사상을 이루는 철학인 스토아철학도 변화를 요구하고 있다. 실제로 스토아철학은 추종자들에게 그들 철학의 구조 자체를 논의하는 데 적극적으로 참여할 것을 요청한다. 여기서 앞서 소개한 세네카의 말을 다시 살펴볼 가치가 있다. "우리는 (철학이라는) 군주를 섬기는 신민이 아니다. 모든 개인이 자신의 자유를 주장할 수 있다."[1] 스토아철학에는 정해진 교리문답이 없다. 고대 세계에서 스토아철학은 그 태동기부터 늘 적용의 과정에 있었다. 그것은 그때도 변화했고 지금도 변화하고 있다.

이 점을 고려할 때 신을 믿는 사람에게나 믿지 않는 사람에 대한 관용과 존중의 마음이 스토아주의자들 사이에 남아 있는 한, 현대의 독립된 스토아철학 윤리를 세우려는 진정 어린 노력을 폄하할 필요는 결코 없다. 분명한 사실은 불교의 지속적인 변용 또한 지금까지 하나의 실험으로 진행되어 왔으며, 현대의 스토아주의자들이 스토아철학에 대해 불교와 유사한, 그리고 신중히 모색한, 실험을 해서 안 되는 이유는 결코 없다.

이 점과 관련하여 스토아철학에서 변용이 크게 요청되는 몇 가지 영역이 있다. 실제로 고대 형식의 스토아철학에는 솔직히 말해 시대의 흐름에 크게 역행하는 면이 분명히 있다. 잘 알려지지 않은 로마의 스토아철학자 무소니우스 루푸스는 여성도 남성과 똑같은 덕의 능력을 갖추었다고 보았지만,[2] 가령 에픽테토스는 구운 돼지고기가 연회에 참석한 누구나 먹을 수 있는 '공유물'인 것처럼 여성을 남성의 '공유물'로 생각했다.[3] 당연한 말이지만 스토아철학에 대한 현대의 '진보적' 설명은 후자가 아닌 전자의 사례에 초점을 맞추는 경향이 있다. 마찬가지로, 무소니우스 루푸스는 남성 사이의 성관계는 '극악무도한 짓이며 자연에 반하는 행동'이라고 보았다.[4] 고대 스토아철학

1 Seneca, *Letters*, 33.4.
2 Musonius Rufus, *Discourses*, 3.
3 Epictetus, *Discourses*, 2.4.

에서 노예는 '자유'라는 단어의 철학적 의미에서 '자유로웠을지' 몰라
도 법률적 관점에서 노예제 개념의 유효성에 의구심을 품은 스토아철
학자는 단 한 명도 없었다. 현대의 스토아주의자들은 자신들의 철학이
본질적으로 깨어 있고 진보적이라고 주장할 것이 아니라 고대 스토아
철학의 텍스트에 보이는 이런 논점들을 면밀히 들여다보아야 한다.
그러면서 고대 형식의 스토아철학은 평등의 '원형'을 담고 있긴 하지만
정의와 공정, 평등에 관한 오늘날의 사고와 크게 배치되는 '자연'
개념에 토대를 두고 운용되었다는 사실도 함께 다루어야 한다. 현대
불교가 본질적으로 포용적이 되기 위해 다양한 사람들의 집단을
향해 연민의 마음을 뻗었듯이, 스토아철학도 자신의 텍스트를 비판적
으로 다루어 다양한 사람들을 온전히 포용할 필요가 있다.

'실리콘밸리'의 스토아주의자

스토아철학의 지속적인 응용과 변용에 있어 일어날 수 있는, 혹은
이미 일어나고 있는 주요한 위험 하나가 있다. 그것은 스토아철학을
응용하는 과정에서 덕을 빠뜨릴 수 있다는 점이다. 다시 말해 스토아철
학이 더 이상 삶의 중요한 가치에 관해 다시 생각해 보는 것에 관한
것이 아니게 될 수 있다는 점이다. 이렇게 되면 스토아철학은 일종의
테크닉, 커피 머그잔에 새기는 조언 인용구로 전락할 수 있다. 물론

---

4 Musonius Rufus, *Discourses*, 12.

이것도 우리에게 도움이 되며 그 자체로 잘못된 일은 아니다. 하지만 그런 테크닉이나 인용구를 적용하는 것을 곧 '스토아철학'으로 여기는 것은 잘못이다. 이와 더불어 현재 '실리콘밸리 스토아주의자'의 위험성도 점점 커지고 있다. 실리콘밸리 스토아주의자란 스토아철학의 기법과 생각을 '무엇이 좋은 삶인가'라는 중요한 가치문제에 관해 다시 생각해 보는 것이 아니라 '최고의 기업가'가 되는 데 사용하는 사람을 말한다. 그는 최고의 기업가라는 목표를 달성하는 데 도움이 되는 한에서 스토아철학의 기법과 생각을 활용할 것이다. 이렇게 되면 결국 스토아철학의 기법과 생각이 이윤을 내는 목적에 종속되고 만다. 나는 일부 열정적인 일 중독자들이 스토아철학에 매력을 느끼는 것을 보았는데, 그들은 철학적인 것과 매우 거리가 먼 삶의 방식을 강화하고 승인하는 식으로 스토아철학을 잘못 이해하고 있었다. 이와 똑같은 일은 명상에서도 벌어지고 있다. 명상을 하는 기업 임원 중에는 자기 내면의 괴로움에 관하여 배우고 치유하기 위해서가 아니라 '생산성을 더 올리려고' 명상하는 이들도 있다. 그들은 자기 직원들도 같은 이유로 마음챙김 명상을 하길 원한다. 그런데 이와 똑같은 일이 스토아철학에서도 일어날 위험성이 있다. 더 우수하고 더 생산적인 '경제 단위'가 되기 위해 스토아주의자가 되는 것 말이다.

그렇다고 해서 우리가 반드시 덕을 빠뜨릴 위험성을 지니고 가야 하는 것은 아니다. 예컨대 나는 스토아철학의 기법과 핵심 사상을 비롯한 스토아철학의 특정한 측면을 취해 보다 일반적인 치료 맥락에 적합하게 다시 틀 짓는 작업은 좋은 아이디어라고 생각한다. 불교 명상 기법을 응용해 '마음챙김에 기초한 스트레스 완화 프로그램 (MBSR)'이라는 8주 마음챙김 명상 프로그램을 만든 것처럼 스토아철학에서도 이와 비슷한 일이 일어날 수 있을 것이다. 이렇게 해서 탄생한 프로그램은 가령 회복탄력성에 초점을 맞출 수 있을 것이며, 반드시 스토아철학을 명시적으로 언급할 필요는 없을 것이다. 이것은 MBSR 과정이 불교에 명시적으로 초점을 맞추지 않는 것과 마찬가지다.

스토아철학과 불교의 결합: 두 철학은 어떻게 서로에게 배움을 얻을 수 있을까?

스토아철학과 불교 모두 실제적인 장점이 있다. 그것은 두 철학 모두 '과도하게 긍정적인' 심리적 자기계발의 세계에 맞서는 사려 깊은 현실적 대안을 제시한다는 점이다. 스토아철학과 불교 모두 현실적인 삶 개념 속에서 우리의 번창하는 삶을 장려하는 것을 목표로 한다. 나아가 두 철학 모두 우리가 살아가는 방식의 어떤 면도 빼놓지 않고 '모든' 것에 적용하고자 노력한다. 이것은 여타의 심리적 조언들이 가령 '어떻게 담배를 끊을까? 어떻게 사람들과 만나는 상황에서 불안을 줄이고, 어떻게 나의 완벽주의를 고칠까?' 같은 특정 문제에만 적용되는 오늘날의 시대에 새로운 관점을 선사한다. 물론 특정 테크닉으로 특정 문제에 대한 답을 얻는 것은 도움이 되며 삶을 바꿀 정도로 큰 변화를 가져올 수도 있다. 그러나 오늘날 우리는 우리의 삶을,

특정 문제의 전부를 또는 적어도 대부분을 포괄하는 전체로 다시 보는 '큰 그림'의 접근 방식을 종종 놓치고 있다.

그렇다면 스토아철학은 불교에, 또 불교는 스토아철학에 어떤 식으로 영감을 줄 수 있을까?

당장 떠오르는 한 가지 방법은 명상 수련이다. 특히, 불교 명상에서 하듯이, 약간의 거리를 두고 자신의 생각과 느낌을 관찰하는 법을 배울 수 있다면 스토아철학의 도덕을 현재 순간에 보다 능숙하게 적용하는 데 큰 도움이 될 것이다. 명상 수련을 통해 자신을 자각하는 힘이 커지면 생각과 느낌에서 한발 물러나 다음처럼 스토아철학의 핵심 질문을 자신에게 더 수월하게 던질 수 있다. '지금 이 순간 나는 무엇을 할 수 있는가?' 또 불교의 명상 수련은 스토아철학에도 일정 정도 마음의 휴식을 가져오는데, 이것은 확실히 이로움을 줄 것이다.

그런데 내가 보기에 두 철학이 서로 영감을 줄 수 있는 더욱 강력한 방법이 있다. 이것은 설명이 조금 더 필요해 보인다.

내 생각으로는 스토아철학의 장점은 우리가 삶을 살아가는 기준으로 삼을 수 있는 '도덕적 틀'을 제시한다는 데 있다. 이 도덕적 틀은 우리 내면에 자리 잡은 기준점으로, 삶의 커다란 문제에 맞닥뜨렸을 때 우리는 이 틀을 참조할 수 있다. '어떤 도덕적 자질이 나로 하여금 지금 현재 상황에 가장 잘 대처하게 할까?'라고 자신에게 질문할 때 우리는 삶의 가장 커다란 도전마저도 새로운 틀로 바라볼 수 있다.

그런데 스토아철학에 종종 부족한 점이 있다. 그것은 삶의 어려움과 비극에 대한 보다 연민에 찬, 가슴 따뜻한 반응이다. '가슴(heart)'이나 '연민' 같은 단어는 서양불교에서 자주 만나는 단어인데 고대 스토아철학의 글에서 이에 상응하는 단어를 찾아보기란 어렵다(그것은 현대 스토아철학에 관한 글에서도 마찬가지다). 현대 불교인들은 아주 힘든 감정이라도 연민에 찬 알아차림을 지니고 그것에 다가가기를 두려워하지 않는다. 한편, 내가 보기에 스토아주의자들은 자신의 '힘겨운' 감정을 그 감정의 영향을 누그러뜨릴 수 있는 도덕적 반응을 떠올림으로써 즉각적으로 '다시 틀 짓는' 한편으로 그 상황에 대한 보다 생산적인 반응을 찾아내는 데 더 관심이 있어 보인다. 그러나 감정은 설령 그것이 스토아적 '지혜'의 기준에 미치지 못하더라도, 충분히 깊이 숙고해 보면, 종종 당사자가 지금까지 겪어온(특히 어린 시절부터 겪어온) 매우 이해할 만한 삶의 경험에 따른 자연스런 결과물이다. 이 점에서 감정은 '있는 그대로' 우리의 사랑과 이해를 받을 가치가 있다. 그렇지만 자신의 철학에 충직한 스토아주의자는 이런 생각에 동의하지 않을 것이다. 스토아철학에서는 있는 그대로의 자기감정을 연민의 마음으로 사랑하고 이해하는 시간을 갖지 않는다. 대신에 그 감정을 가능한 빠른 시간에 더 지혜로운 방향으로 바꾸는 데 초점을 둔다.

그런데 자신을 바꾸거나 조종하는 것이 언제나 더 현명한 일일까? 때로는 우리의 감정 경험을, 부드럽게 관조하는 사랑으로, 있는 그대로 놓아둘 때 우리에게 가장 도움이 되는 변화가 일어나는 것은 아닐까. 이런 식으로 일어나는 변화는 내면의 지혜와 자신에 대한 믿음에서 일어나는 본질적인 변화이다. 이런 변화는 아무리 힘겨운 감정도 거기에 사랑으로 주의를 기울인다면 '저절로' 더 바람직한 방향으로 변화할 수 있다는 배움에서 일어난다.

이런 식으로 나에게 스토아철학은 아버지와 더 닮은 철학으로, 불교는 어머니에 더 가까운 철학으로 다가온다. 스토아철학은 한 개인을 확고하면서도 지혜로운 훈육을 통해 변화시키고자 한다. 한 편, 불교는 (적어도 다수의 서양 형식의 불교는) 우선 있는 그대로의 모습대로 한 사람을 인정한 뒤 사랑의 마음을 담은 받아들임의 경험 자체가 그를 가르치는 교사가 되게 하는 식으로 사람을 변화시키고자 한다.

그렇지만 우리는 삶에서 아버지의 사랑과 어머니의 사랑이 균형이 맞아야 한다. 불교는, 특히 불교가 마음챙김을 강조하는 덕분에, 현재 순간을 부드러운 사랑으로 받아들이는 데 계속 초점을 둔다. 그러나 이렇게 현재 순간에만 초점을 두다 보면 과연 우리의 삶이 무엇에 관한 것이며, 우리가 장기적으로 어떤 종류의 '도덕적 기획'에 참여하고 있는지에 관한 '큰 그림'을 놓치기 쉽다. 스토아철학은 가장 큰 장점은 우리로 하여금 사회 전반의 잘못된 가치를 재검토하게 한다는 점이다. 스토아철학은 우리 인간의 본성을 충족시켜 주는 것으로서 덕(특히 타인에게 이로움을 주는 행동과 함께하는 덕)이 왜 가장 중요한지 살펴보게 한다. 인간은 사회적 동물이며, 따라서 덕이 진정 으로 우리에게 충족감을 주려면 거기에 반드시 사회적 차원을 담고 있어야 한다. 이런 생각은 삶을 살아가는 도덕적인 틀을 제공하며 이런 종류의 도덕적 틀, 또는 삶의 의미에 관한 '큰 그림' 개념이 서양불교의 일부가 된다면 그것은 우리에게 매우 유용할 것이다.

두 철학을 서로 연결 짓는 하나의 방법은 전통적인 스토아철학의 덕에 연민과 사랑, 받아들임이라는 마음의 성질을 보태는 것이다. 다시 말해, 우리는 스토아철학의 도덕 시스템에 사랑을 담은 모성의 성질을 더할 수 있다. 그렇게 한다면 스토아주의자가 '지금 이 상황에서 나는 무엇을 할 수 있는가?'라고 스스로에게 물었을 때 '끈기, 용기, 절제, 정의' 등 스토아철학의 도덕적 자질만큼이나 '연민, 사랑, 받아들임'이 적절한 답이 될 것이다. 마찬가지로 불교인은 (스토아철학에서 하는) 가치 명료화 수련을 자신의 철학에 추가할 수 있다. 즉 자신에게 다음처럼 큰 질문을 던지는 것이다. '잘 사는 삶을 구성하는 것은 무엇인가?' '궁극적으로 가장 중요한 것은 무엇인가?' '시간을 가장 잘 사용하는 것이란 무엇인가?' 이런 질문을 던짐으로써 불교인은 자신의 삶에서 계속해서 참고하게 될 일련의 잘 정비된, 지속적인 도덕적 신념을 마련할 수 있다.

이런 식으로 스토아철학의 '덕을 향한 행동주의'는 불교의 '따뜻한 가슴을 담은 행동주의'와 결합할 수 있다. 우리는 어떤 도덕 가치를 지니고 살아갈 것인가에 관한 생각도 필요하며, 삶의 여정에서 겪는 감정의 흐름을 사랑의 마음으로 받아들이는 방법도 역시 필요하다. 스토아철학과 불교를 결합한다면 바로 이것을 할 수 있다.

글을 마무리하며

불교와 스토아철학은 사회가 우리에게 기대하는 '흐름을 거슬러 오르는' 길이다. 그리고 이런 이유로 이 두 가지 철학은 외로운 길이라고 할 수 있다. 불교와 스토아철학에서 말하는 답은 사람들이 맹목적으로 받아들이도록 처음부터 정해진 답이 아니다. 그 답은 우리에게 도전을 안기며, 우리가 삶의 커다란 도전과 존재론적 질문을 이해하고 응답하는 데 적극적인 참여자가 될 것을 요청한다. 붓다는 사람들에게 자신 외의 다른 곳에서 의지처를 찾지 말라고 했으며 스스로를 훌륭히 훈련시켜야 한다고 했다.[5] 마찬가지로 마르쿠스 아우렐리우스는 자신을 향한 조언에서 '남들에 의해 바로 세워지기보다 너 스스로 바로 서라'고 했다.[6] 이것은 어려운 일로 보이며 실제로도 그렇다. 그 당시에나 지금이나 사회의 일반적인 통념에 반하는 생각이다.

그러나 우리가 그렇게 할 수 있다는 사실에는 조금도 의심의 여지가 없다. 더 이상의 분석이 필요 없는 잭 콘필드와 에픽테토스의 말로 책을 마무리한다.

제한되고 쪼그라든 자기 정체성에 대한 신념이 강력한 습관으로 자리 잡은 나머지, 우리는 그 정체성 없이는 어떻게 존재해야 할지 몰라 두려워한다. 그러나 만약 우리가 자신의 존귀함을 온전

---

[5] *Dhammapada*, 160.
[6] *Meditations*, 7.12.

히 알아본다면 그것은 삶의 커다란 변화로 이어질 수 있다. 그것은 우리에게 커다란 어떤 것을 요구할 것이다.[7]

모든 사람이 각자 어떤 일에 대한 자신의 의견에 따른 결과로 그 일을 대하는 것이 필요하다. 자신이 충직과 절제, 자기 마음을 사용하는 법에 관한 확신을 가지고 태어났다고 믿는 소수의 사람이 있다. 그들은 자신에 관하여 비열하고 천한 생각은 조금도 품지 않는다. 그러나 그 외의 모든 사람은 이와 완전히 정반대로 생각한다.[8]

---

7 2008, 12.

8 1.3.4–5.

참고자료

1차 도서

Batchelor S., *Buddhism Without Beliefs* (Bloomsbury, 1997).

_____, *Canonical Citations: Source Texts for a Secular Buddhism* (Ongoing, see Media Bibliography).

_____, *Confession of a Buddhist Atheist* (Spiegel & Grau, 2011a).

_____, *The Awakening of the West* (Echo Points Books, 2011b).

Epictetus, *Discourses & Encheiridion*, Loeb Ed. (tr. Oldfather, 1998).

Feldman, C., 'Nurturing Compassion', in Eppsteiner, F. (ed)., *The Path of Compassion: Writings on Socially Engaged in Buddhism* (Buddhist Peace Fellowship, 1988), 19-23.

Gunaratana, B., *Mindfulness in Plain English* (Wisdom Publications, 2002).

Hierocles, *Elements of Ethics: Fragments, and Excerpts*, tr. Ilaria Ramelli (Society of Biblical Literature, 2009).

Kornfield, J., *Bringing Home the Dharma: Awakening Right Where You Are* (Shambala, 2011).

_____, 'The Path of Compassion,' in Eppsteiner, F. (ed)., *The Path of Compassion: Writings on Socially Engaged in Buddhism* (Buddhist Peace Fellowship, 1988), 24-30.

_____, *The Wise Heart: Buddhist Psychology for the West* (Ebury Publishing, 2008).

Laertius Diogenes, *The Life of Zeno* [Perseus Online Library].

Marcus Aurelius, *Meditations,* tr. Hard R, introd. Gill C., (Oxford, 2011).

_____, Loeb Ed.(tr. C.R. Haines), 1930.

Seneca, *Selected Essays and Letters*, tr. Moses Hades (Norton Library, 1968).

Thich-Nhat-Hanh, 'Please Call Me by My True Names', in Eppsteiner, F. (ed)., *The Path of Compassion. Writings on Socially Engaged in Buddhism* (Buddhist Peace Fellowship, 1988), 31-39.

_____, 'The Individual, Society and Nature', in Eppsteiner, E.(ed)., *The Path of Compassion: Writings on Socially Engaged in Buddhism* (Buddhist Peace Fellowship, 1988), 40-46.

_____, *A Basket of Plums* (Parallax Press, 2009).

_____, *Being Peace* (Parallax Press, 2005a).

_____, *Call Me by My True Names: Collected Poems* (Parallax Press, 1999).

_____, *Living Buddha, Living Christ* (Rider, 2005b).

_____, *Peace is Every Step: The Path of Mindfulness in Everyday Life* (Rider, 1995)

_____, *Present Moment Wonderful Moment: Mindfulness Verses for Everyday Living* (Parallax Press, 2006c).

_____, *The Heart of the Buddha's Teachings* (Rider, 1998).

_____, *The Miracle of Mindfulness* (Beacon Press, 1975).

_____, *Transformation and Healing: Sutra on the Four Establishments of Mindfulness* (Parallax Press, 2006a).

_____, *Understanding Our Mind* (Parallax Press, 2006b).

원전 불교 텍스트 자료

Dhammapada, The, tr. Max Müller, (Watkins, 2006).

Pali Buddhist Texts, tr. Johansson R., (Routledge, 1998).

2차 도서

Chappell, D., 'Buddhist Responses to Religious Pluralism: What are the Ethical Issues?', in Wei-hsun Fu, C. & Wawrytko, S. (eds.), *Buddhist Ethics and Modern Society* (Greenwood, 1991), 355-370.

Dobbin R., *Epictetus: Discourse Book 1*, (Clarendon, 2011).

Gill, C., *The Structured Self in Hellenistic and Roman Thought* (OUP, 2006).

_____, *Meditations 1-6: Introduction, Translation and Commentary* (Clarendon, forthcomingA).

_____, 'Antiochus' Theory of oikeiōsis' (forthcomingB).

Hadot P., *Philosophy as a Way of Life* (Blackwell, 2011).

Johns, *The Present Moment in Later Stoicism* (forthcoming article).

Keown, D., *Buddhist Ethics: A Very Short Introduction*, (Oxford, 2005).

King, R., *Thomas Merton and Thich Nhat Hanh: Engaged Spirituality in an Age of Globalization* (Continuum, 2001).

Kitterman in Storhoff G. & Whalen-Bridge, J. (eds.), *American Buddhism as a Way of Life* (State University of New York, 2010).

Lancaster, 'Buddhism and the Contemporary World: The Problem of Social Action in an Urban Environment', in Wei-hsun Fu, C. & Wawrytko, S. (eds.), *Buddhist Ethics and Modern Society* (Greenwood, 1991), 347-354.

Long, A.A., *Epictetus: A Stoic and Socratic Guide to Life* (Oxford, 2002).

McMahan, D., *The Making of Buddhist Modernism* (OUP, 2008).

Nussbaum, M., *The Therapy of Desire* (Princeton, 1996).

Premasiri, P., 'The relevance of the Noble Eightfold Path to Contemporary Society', in Wei-hsun Fu, C. & Wawrytko, S.(eds.), *Buddhist Ethics and Modern Society* (Greenwood, 1991), 131-142.

Purser, R., 'The Myth of the Present Moment', in Mindfulness(2015), 6: 680 (https://link.springer.com/article/10.1007/s12671-014-0333-z).

Robertson, D., *The Philosophy of Cognitive Behavioural Therapy (CBT): Stoic Philosophy as Rational and Cognitive Psychotherapy*, (Karnac, 2010).

Sellars J., *The Art of Living* (Bristol, 2009).

Stephens, W., *Stoic Ethics: Epictetus and Happiness as Freedom* (Continuum, 2007).

Stevenson, *Tradition and Change in the Sangha: A Buddhist Historian Looks at Buddhism in America,* in Wei-hsun Fu, C. & Wawrytko, S. (eds.), *Buddhist Ethics and Modern Society* (Greenwood, 1991), 247-258.

Storhoff G. & Whalen-Bridge, J. (eds), *American Buddhism as a Way of Life* (State University of New York, 2010).

Ussher, P., *Stoicism Today: Selected Writings*, Vol. 1 (2014).

_____, *Stoicism Today: Selected Writings*, Vol. 2 (2016).

미디어

Batchelor, *Canonical Citations: Source Texts for a Secular Buddhism* (Ongoing). [http://www.stephenbatchelor.org/media/Stephen/PDF/Stephen_Batchelor -Pali Canon-Website-02-2012.pdf]

Ferraiolo, W., 'Roman Buddha' in Western Buddhist Review, vol.5. [http://www.westernbuddhistreview.com/vol5/index.html]

Gombrich, R., *Stoicism and Buddhism* (Lecture, 2010). [http://www.ocbs.org/news-ocbsmain-88/105-reflecting-on-my-lecture-buddhism-and-stoicism-a-comparison].

Rosi, M., 'Bouddhisme et Stoïcisme' (2005). [http://www.zen-occidental.net/pdf/rosi1.pdf]

Thanissaro Bhikku, *The Roots of Buddhist Romanticism* (2012). [http://www.accesstoinsight.org/lib/authors/thanissaro/rootsofbuddhistrom

anticism.html〕

기타 링크

무상에 관한 틱낫한 인터뷰

   http://dharmagates.org/long_live_impermanence.html

틱낫한과 베트남 망명자 지위에 관한 BBC 리포트

   http://news.bbc.co.uk/1/hi/world/asia-pacific/8278336.stm

C.B.T. 기원에 관하여 줄스 에반스(Jules Evans)가 앨버트 엘리스(Albert Ellis)와
   나눈 인터뷰

   http://philosophyforlife.org/albert-ellis-on-philosophy-as-therapy/

틱낫한의 미국 의회 연설

   https://plumvillage.org/letters-from-thay/thich-nhat-hanh-address-to-
   us-congress-september-10-2003/

옮긴이의 말

비슷한 두 철학

어느 두 철학이 여러 면에서 닮아 보인다. 그러면 우리는 자연스레 궁금증이 일어난다. 두 철학은 어떻게 닮게 된 것일까? 시대 배경이 유사한가, 역사적으로 두 철학 사이에 교류가 있었나? 아니면 그 유사점은 그저 우연의 일치에 불과한가? 이런 점을 살펴보면 두 철학의 같은 점과 다른 점은 물론, 둘이 서로를 보완하는 지점은 무엇이고 오늘을 사는 우리에게 두 철학이 주는 교훈은 무엇인지에 관하여 보다 입체적인 맥락에서 이해가 가능할 것이다. 궁극적으로 철학은 오늘을 사는 우리에게 실제적인 도움을 주어야 한다는 입장에서 옮긴이에게 이 책은 이런 소용에 닿는 책으로 보였다.

왜 불교와 스토아철학인가, 마음의 철학

그렇다면 왜 하필 불교와 스토아철학을 비교하는가? 그것은 불교와 스토아철학 모두 우리가 자기 삶의 철학을 숙고하고 실천하는 데 있어 자신의 '마음'을 다루는 일을 무엇보다 중시하기 때문이다. 그리고 그 실천 방법에 있어 이 두 삶의 철학은 실제로 상당한 유사점을 보인다. 책에서 말하는 두 철학의 유사점을 간략히 정리해 보는 것으로 옮긴이의 글을 대신하고자 한다.

불교와 스토아철학을 연결 짓는 하나의 접점은 그것의 현대적 적용, 저자의 표현을 빌리면 그 '재창조(reinvention)'에서 보이는 유사점이다. 즉, 불교와 스토아철학은 그것 각각의 고대와 현대의 모습 사이보다 두 철학의 현대적 재창조 사이에 더 큰 유사성을 보인다는 것이다. 그 유사성을 구체적으로 짚어보자.

첫째, 오늘날 서양불교는 불교의 각종 형식적 의례를 과감히 생략하고, 과학적으로 검증할 수 없는 윤회에 대한 믿음을 보류한다. 마찬가지로 현대의 스토아철학은 서양의 전통적인 신 중심 관념을 내려놓고자 한다. 이것은 많은 서양인이 신 중심의 유신론적 관점에서 벗어나 다양한 무신론적 관점을 지니고 사는 현실에서 '덕(virtue)'이라는 스토아철학의 핵심 주제가 유신론이나 무신론에 상관없이 견지될 수 있다는 생각에 근거하고 있다. 스토아철학에서 말하는 덕이란, 삶에서 일어나는 어떤 일이든 거기에 지혜롭게 대처하는 훌륭한 성품을 갖추는 일로서 여기에 반드시 신이 개입되어야 하는 것은 아니(라고 서양의 많은 스토아주의자들은 생각한)다.

둘째, 스토아철학과 불교의 두 철학 모두 삶을 있는 그대로의 전체로 마주해야 한다고 본다. 기본적으로 삶은 달콤하지 않고 쓰다는 것이다. 그래서 달달한 사탕이 아니라 쓴 약을 처방한다. 삶은 힘겨운 것이지만 그럼에도 정직하게 있는 그대로의 삶과 마주해야만 비로소 '바른' 해결책을 찾을 수 있다고 본다. 그리고 두 철학 모두 우리가 겪는 온갖 괴로움의 근원이 '삶이 지금과 달라지기를 바라는 우리의 집착과 갈애 때문'이라고 진단한다는 점에서도 유사하다.

셋째, 우리가 좋은 삶을 살기 위해서는 자기 내면, 즉 자신의 마음에 주의를 기울여야 한다고 본다는 점도 두 철학이 유사하다. 그리고 우리가 세상을 바라보는 방식은 상당 부분 자신의 마음에 달려 있다는 것, 그러므로 우리 마음을 지금보다 더 나은 상태로 계발할 수 있다는 가능성에 대한 믿음도 서로 닮았다. 또 그러한 마음 계발의 장은 다른 곳이 아니라 바로 지금 여기, 일상의 삶이어야 한다는 생각도 비슷하다. 그리고 인간은 이러한 도덕적 계발의 바탕이 되는 본질적 선함(basic goodness)을 본래부터 갖추고 있다는 믿음도 두 철학이 유사하다. 그 밖에 맹목적인 믿음을 지양하고 자기 스스로의 탐구를 장려하는 비독단적, 반권위적인 가르침의 성격에서도 불교와 스토아철학은 서로 닮았다.

요컨대 불교와 스토아철학 모두, 끊임없이 변화하고 있는 오늘날의 삶의 현실에 적응하는 역동적인 삶의 철학으로서의 성격을 그 안에 가지고 있다. 두 철학의 현대적 재창조가 지닌 가치도 바로 여기에 있다.

마음챙김이라는 수련법

불교와 스토아철학 모두 마음챙김(mindfulness)이라는, 자기 마음의 변화 도구를 중시한다는 점도 유사하다. 스토아철학에서는 명시적으로 '마음챙김'이라 부르지는 않지만 '현재 순간에 대한 주의 기울임 (attention)'을 뜻하는 프로소케(prosoche)라는 단어가 있다. 변화의 가능성은 과거나 미래가 아닌, 오직 지금-여기에 있다는 생각이다. 지금 이 순간에 끊임없이 주의를 기울이는 것이야말로 (스토아철학의 경우) 자연과 일치하는 덕의 삶을 사는 데 있어, 그리고 (불교의 경우) 고통을 종식하는 데 있어 필수적인 부분이라는 것이다.

다음으로 불교와 스토아철학이 인지행동치료(CBT)와 보이는 유사점을 생각할 수 있다. 우리가 매순간 떠올리는 생각과 감정을 자기 머릿속의 필터로 왜곡해 보지 않고 '있는 그대로' 보라는 것이다. 있는 그대로 보지 못하는 것이야말로 우리가 겪는 온갖 괴로움의 뿌리이다. 그렇지만 불교와 스토아철학은 인지행동치료보다 더 광범위한 '삶의 철학'으로 우리로 하여금 삶의 '큰 그림'을 그리게 한다. 가령 불교는 임상적 치료 도구라는 인지행동치료의 틀을 넘어 자신과 타인을 향한 연민심이라는 따뜻한 마음을 계발하는 데까지 나아간다. 그리고 스토아철학에서는 덕의 관점에서 자신의 생각과 감정을 바라보고자 한다. 그리고 이런 마음 훈련을 위한 자기만의 시간을 따로 갖는다는 점도 비슷하다.

연민심, 타인을 향한 관심

불교와 스토아철학 모두 자기 돌봄(self-care)이 이기적 행위가 아니라 이타적 행위로 연결된다고 본다. 스토아철학의 마르쿠스 아우렐리우스는 우리는 누구나 '인류의 팔다리'와 같은 존재라고 말하며, 틱낫한은 사이 존재(inter-being)라는 생각을 토대로 종이 한 장도 그것이 존재하기 위해서는 나무, 비, 구름, 벌목꾼, 벌목꾼의 어머니 등 수많은 존재와 요소들이 필요하다고 말한다. 그리고 한 개인이 잘못을 저질렀을 경우 그것을 단죄하는 것이 아니라 그가 잘못을 저지르게 된 원인을 바르게 이해하는 것이야말로 핵심이라는 점에서도 서로 비슷한 입장이다. 가령 범죄를 저지른 자가 있다면 그를 그가 범죄를 저지르게 만든 주변 환경의 산물로 인식해야 한다. 범죄자는 삶에서 진정으로 중요한 것에 관한 잘못된 가치를 그들 안에 심어놓은 주변 환경의 결과물이라는 것이다. 따라서 처벌보다는 재활이 바람직하다고 본다.

유의점과 상호보완점

그러나 두 철학의 현대적 재창조에 있어 유의해야 하는 부분도 있다. 가령, 실리콘밸리의 명상 지상주의자나 실리콘밸리의 스토아주의자처럼 스토아철학과 불교 명상을 오직 '생산성 향상'을 위해 사용하는 경우다. 그것 각각의 전체적인 맥락을 고려하지 않은 채 지금 당장 필요한 부분만 쏙 빼먹으려는 시도는 자칫 부작용의 위험이 있다.

마지막으로 저자는 불교와 스토아철학이 상호 보완하는 부분을 언급한다. 그것은 스토아철학에 부족한 따뜻한 연민의 가슴을 계발하는 부분에서 스토아철학이 불교의 도움을 받을 수 있다는 것이다.

한편으로 불교는 우리의 삶이 전체적으로 어떤 도덕적 플랜에 따라 움직이는지에 관한 큰 그림의 측면에서 스토아철학의 조언을 참고할 수 있다. 한마디로 불교는 어머니의 따뜻한 가슴에, 스토아철학은 아버지의 엄정한 도덕적 지향에 각기 장점을 지니고 있다. 한 아이에게 두 부모가 모두 필요하듯 한 사람에게 두 철학의 상호보완적인 측면이 모두 필요하다고 저자는 본다. 처음에 말했듯이 두 가지 서로 다른 철학을 비교하는 것은 자칫 자의적인 해석의 위험이 존재함에도, 오늘날 우리에게 필요한 삶의 철학으로서 두 철학이 지닌 가치를 새롭게 발굴하고 재창조하려는 저자의 의도에는 아무런 잘못이 없다. 오히려 거기서 우리는 예상치 못한 삶의 철학의 힌트를 발견할지도 모른다.

지은이 **패트릭 어셔**(Patrick Ussher)

2012년 창립 시기부터 2016년까지 '오늘의 스토아철학(Stoicism Today)' 프로젝트의 회원으로 활약했다. 이 프로젝트는 고대 그리스로마 철학의 삶의 방식인 스토아철학에 토대를 두고 현대 스토아철학의 자료를 제공하는 학자와 심리치료사들의 모임이다. 패트릭은 2012~2014년까지 세 차례 '국제 스토아 주간(International Stoic Weeks)' 행사를 기획했으며 이 행사는 BBC 라디오, 가디언, 포브스, 텔레그래프 등 주요 신문과 방송에 크게 보도되었다. 또 패트릭은 '오늘의 스토아철학' 프로젝트의 블로그를 만들고 편집했으며『오늘의 스토아철학: 선집』(1, 2권) 두 권의 책을 편집했다. 그는 또『체위기립빈맥증후군(POTS): 그것은 무엇이며 왜 생기는가』라는 책을 쓰기도 했다. 이 책은 바이러스성 질병, 수술, 임신, 심리적 트라우마 등(혹은 이것들의 복합 요인에 의한) 선행 트라우마 사건에 뒤이어 일어나는 체위기립빈맥증후군의 신경학적 원인을 논한다. 패트릭은 영국 엑시터 대학에서 고전학 학사와 석사를 수료했으며, 현재 아일랜드 더블린에 살고 있다.

옮긴이 **이재석**

1972년 부산 출생으로 서울대학교 노어노문학과를 졸업한 뒤 출판사에서 일했다. 불교 명상에 대한 관심으로 보리수선원, 호두마을, 서울불교대학원 심신치유학과에서 수련하고 공부했다. 옮긴 책으로『불교는 왜 진실인가』,『조셉 골드스타인의 통찰 명상』등이 있다.

대원불교
학술총서 **10** 스토아철학과 서양불교

초판 1쇄 인쇄 2023년 8월 29일 | 초판 1쇄 발행 2023년 9월 7일
지은이 패트릭 어셔 | 옮긴이 이재석 | 펴낸이 김시열
펴낸곳 도서출판 운주사

(02832) 서울시 성북구 동소문로 67-1 성심빌딩 3층

전화 (02) 926-8361 | 팩스 0505-115-8361

ISBN 978-89-5746-759-6 93220 값 12,000원
http://cafe.daum.net/unjubooks 〈다음카페: 도서출판 운주사〉